1. Auflage August 2020 aktualisierte Neuauflage als Sonderausgabe

Satz, Layout und Umschlaggestaltung: Götz Mannchen
Titelfoto: © picture alliance / Uli Deck / dpa

ISBN: 978-3-86445-769-2

MIX
Papier aus verantwortungsvollen Quellen
FSC® C014496

Gerne senden wir Ihnen unser Verlagsverzeichnis
Kopp Verlag
Bertha-Benz-Straße 10
72108 Rottenburg
E-Mail: info@kopp-verlag.de
Tel.: (0 74 72) 98 06-10
Fax: (0 74 72) 98 06-11

Unser Buchprogramm finden Sie auch im Internet unter:
www.kopp-verlag.de

Die Angst der Richter
vor der Macht

Hans Herbert von Arnim

Die Angst der Richter vor der Macht

Zur verdeckten Staatsfinanzierung der Parteien und ihrer fehlenden Kontrolle

KOPP VERLAG

Vorwort zur Neuausgabe

Die riesige verdeckte Staatsfinanzierung der Parteien besteht nach wie vor unbehelligt fort. Unbegrenzt und unkontrolliert konnten entsprechende Gelder für Fraktionen, Parteistiftungen und Abgeordnetenmitarbeiter fließen, von denen große Teile den Mutterparteien zugutekommen. Sie sind inzwischen mehr als viermal so hoch wie die offene staatliche Parteienfinanzierung. Ein Beispiel dafür war im Jahre 2016 die Erhöhung der Mittel für Abgeordnetenmitarbeiter um 30 Millionen Euro (plus 17,6 %). Diese verdeckte Finanzierung haben sich die Parlamentsparteien als Ersatz für die offiziellen Zuschüsse bewilligt, die seit Langem gerichtlich beschränkt und öffentlich kontrolliert werden. Für die Ersatzfinanzierung steht eine entsprechende gerichtliche Kontrolle und Begrenzung noch aus.

Vor diesem Hintergrund erscheint es sinnvoll, sich die beiden Versuche erneut vor Augen zu führen, die ich unternommen habe, um das Bundesverfassungsgericht zu einer Entscheidung über die verdeckte Staatsfinanzierung der Parteien zu bewegen. Der Kopp Verlag hat meine Kritik am Beschluss des Zweiten Senats vom 15. Juli 2015 und an den Wegen, auf denen der Senat eine Sachentscheidung verhinderte (2 BvE 4/12), ein zweites Mal aufgelegt (Teil A). In der Zwischenzeit ist auch klarer geworden, welche Rolle der Berichterstatter Peter Müller spielte, wie eine Entscheidung des

Senats über seine Befangenheit verhindert wurde und wie sich der Beschluss auf die spätere Entscheidung des Senats vom 19. September 2017 (2 BvC 46/14) auswirkte.

Nach dem Urteil über die Fünf-Prozent-Klausel im Europawahlrecht, das die Berliner Politik empörte, war eine heftige Schelte über den Senat hereingebrochen. Parteipolitiker drohten unverhohlen damit, sie würden das Gesetz über das Bundesverfassungsgericht ändern und zuverlässigere Person ins Gericht entsenden. Tatsächlich hatten sie mit Peter Müller aber nicht nur einen reinen Parteipolitiker in den Senat gewählt, sondern auch einen Mann, der vor seiner Berufung ins Gericht auch noch strafbare Untreue und vorsätzlichen Verfassungsbruch begangen, sich also eigentlich für dieses Amt völlig disqualifiziert hatte. Müller sollte die in ihn gesetzten Erwartungen alsbald in seinem Minderheitsvotum über die Drei-Prozent-Klausel im Europawahlrecht erfüllen, in dem er die Grundlagen des Fünf-Prozent-Urteils in Zweifel zog.

Demgemäß habe ich diesem Buch zwei Abschnitte neu hinzugefügt (Teile B und C). Darin wird zunächst die Befangenheit Müllers in den beiden Gerichtsverfahren über die verdeckte Parteienfinanzierung dargestellt und erklärt, wie er es trotzdem bis zum Berichterstatter des Senats in Sachen Politikfinanzierung brachte. Das dürfte dem Senat zupassgekommen sein. Denn bei den von Müller entworfenen Beschlüssen von 2015 und 2017 scheute der Senat offenbar davor zurück, sich mit der Politik in einem Bereich anzulegen, der für sie derart wichtig war. Daher lautet der Titel dieses

Buches *Die Angst der Richter vor der Macht.* Der amerikanische Supreme Court kann die Annahme von Verfahren, in denen es um stark umstrittene politische Themen geht, verweigern und so »exzessive politische Kämpfe« vermeiden. Das Bundesverfassungsgericht darf dies von Verfassungs wegen nicht, tut es offenbar aber dennoch.

Immerhin hat der Senat in seinem Beschluss von 2017 bestätigt, dass eine deutliche Missbrauchsgefahr und ein krasses Kontrolldefizit bestehen. Allerdings räumt er dies nur für einen kleinen Bereich ein, nämlich den Einsatz der Mitarbeiter von Abgeordneten. Bei der Verwendung anderer Formen indirekter Parteienfinanzierung und bei der Bewilligung der Mittel scheute er wieder vor der politischen Macht zurück, obwohl dort mindestens ebenso große Missbrauchsgefahren und Kontrolldefizite bestehen, die insgesamt ein verzweigtes missbräuchliches System bilden.

Fakt ist jedenfalls, dass es immer noch keine wirksame Kontrolle der gewaltig hochgeschossenen verdeckten staatlichen Parteienfinanzierung gibt und deshalb einer weiteren »Selbstbedienung« der Abgeordneten und ihrer Parteien nichts im Wege steht.

Speyer, im Juli 2020 *Hans Herbert von Arnim*

Inhaltsverzeichnis

Teil A

Wiedergabe des Buches von 2015

Vorwort zur Ausgabe von 2015

Vom kürzlich ergangenen Beschluss des Bundesverfassungsgerichts, die Klage der ÖDP gegen die verdeckte Parteienfinanzierung nicht zuzulassen, hat niemand Notiz genommen. Kaum ein Medium hat darüber berichtet, obwohl es letztlich – direkt und indirekt – um die Verfassungswidrigkeit von 900 Millionen Euro jährlich geht. Ein Grund liegt darin, dass der Beschluss derart verschlüsselt ist, dass die Öffentlichkeit unmöglich seine Bedeutung erfassen und seine Stimmigkeit nachvollziehen kann.

Der Beschluss wurde dadurch ermöglicht, dass wichtige Darlegungen der Klägerin übergangen wurden. Teilweise behauptete das Gericht sogar wahrheitswidrig, die ÖDP habe zu bestimmten den Beschluss tragenden Fragen nichts Relevantes vorgetragen. Für die Öffentlichkeit sind solche Behauptungen normalerweise unüberprüfbar; Außenstehende können ja nicht wissen, was vorgetragen wurde, schon gar nicht, wenn keine öffentliche mündliche Verhandlung stattgefunden hat. Deshalb habe ich die Schriftsätze, die ich als Prozessvertreter der ÖDP verfasst habe, nachlesbar ins Internet gestellt. Sie zeigen, zusammen mit der folgenden Analyse, in welchem Umfang das Gericht entscheidungserhebliches Vorbringen der ÖDP ignoriert und unerörtert gelassen hat. Damit hat das Gericht den seit alters geltenden wichtigsten prozessualen Grundsatz des gerichtlichen Gehörs (»audiatur et altera pars«) aufs Schwerste verletzt.

Der Verdacht liegt nahe, dass das Gericht ohne mündliche Verhandlung »kurzen Prozess« machen wollte, um auf die Begründetheit der Klage gar nicht mehr eingehen zu müssen. Sonst hätte es nämlich über ein vielfach verfassungswidriges Missbrauchssystem der »Selbstbedienung« urteilen müssen. Vor dieser gewaltigen Herausforderung und dem dann drohenden Streit mit der hohen Politik ist der Zweite Senat offenbar eingeknickt.

Ziel dieses kleinen Buches ist es – neben der Vorbereitung weiteren prozessualen Vorgehens –, den Beschluss vom 15. Juli und die dabei vorgenommene Verfahrensweise des Zweiten Senats bekannt zu machen und darüber eine öffentliche Diskussion anzustoßen. Wenn die Politik und das Bundesverfassungsgericht in eigener Sache entscheiden, wird öffentliche Kontrolle umso wichtiger.

Ich danke Christian Pestalozza (Freie Universität Berlin) sehr herzlich für die kritische Durchsicht früherer Fassungen des Textes. Mein wissenschaftlicher Mitarbeiter Andrei Kiraly gab mir ebenfalls wertvolle Anregungen. Den Hinweis auf den nicht offengelegten Docket-Control-Charakter des Beschlusses vom 15. Juli verdanke ich Joachim Wieland (Universität Speyer); auf den ungeschriebenen Rechtsbehelf bei krassen prozessualen Mängeln verfassungsgerichtlicher Entscheidungen wies mich Jürgen Schwabe (Universität Hamburg) hin; über die »Technik« des Gerichts, bestimmte

Themen durch Behauptung mangelnden Vortrags auszublenden, sprach ich mit Dietrich Murswiek (Universität Freiburg), und wichtige Hinweise zu Klagemöglichkeiten zum Europäischen Gerichtshof für Menschenrechte gaben mir Jochen Frowein (Universität Heidelberg), Siegfried Magiera (Universität Speyer) und David Schneider-Addae-Mensah (Brühl/Karlsruhe). Die Verantwortung für den Inhalt dieses Buches trage ich natürlich ganz allein.

Speyer, im September 2015 *Hans Herbert von Arnim*

Kurzfassung

Kontrolle und Grenzen der offenen Staatsfinanzierung der Parteien

Nachdem sich deutsche Parteien im Bundestag 1959, als Erste in Europa, eine staatliche Finanzierung bewilligt hatten, schossen die Gelder in den Folgejahren so gewaltig hoch, dass das Bundesverfassungsgericht eingreifen musste, um die Entwicklung zu bürgerfernen Staatsparteien zu verhindern: Mit Urteilen von 1966 und 1968 zog das Gericht Obergrenzen und verpflichtete den Bundestag, die Höhe und die Verteilung der Mittel im Parteiengesetz (und nicht bloß durch einen Titel im Haushaltsplan) zu regeln, um öffentliche Kontrolle zu ermöglichen. Zudem zwang das Gericht den Bundestag, außerparlamentarische Parteien im Interesse der politischen Chancengleichheit zu beteiligen.

Flucht in die verdeckte Parteienfinanzierung

Doch als Antwort wichen die Parteien in solche Bereiche aus, in denen keine Grenzen und Kontrollen bestehen und sie sich deshalb unbehelligt »selbst bedienen« können: Sie ließen die Staatsgelder für ihre Fraktionen (die sogenannten Parteien im Parlament) geradezu explodieren, schufen »Globalzuschüsse« für ihre Stiftungen, die ebenfalls schnell wuchsen, und bewilligten ihren Abgeordneten – zusätzlich zu den Diäten, den steuerfreien Kostenpauschalen und der staatlichen Altersversorgung – Mittel für persönliche Mitarbeiter, die im Laufe der Zeit gewaltig angehoben wurden. Heute hat jeder Bundestagsabgeordnete allein für Mitarbeiter monatlich rund 22 000 Euro (einschließlich der Arbeitgeber-Sozialaufwendungen) zur Verfügung, womit er im Durchschnitt sieben Mitarbeiter beschäftigt, vornehmlich im Wahlkreis, was zum Missbrauch geradezu einlädt.

Anfangs machten diese Zahlungen nur einen Bruchteil der offenen Staatsfinanzierung aus. Doch weil sie im Gegensatz zu der offenen Staatsfinanzierung keinen Grenzen und kaum Kontrollen unterliegen, haben sie Letztere inzwischen weit überflügelt: Während die offene Parteienfinanzierung nach dem Parteiengesetz heute rund 159 Millionen Euro jährlich beträgt, machen die Zahlungen an die Stiftungen sowie für Fraktionen und persönliche Mitarbeiter in Bund und Ländern inzwischen jährlich fast 900 Millionen Euro aus. Ein journalistischer Beobachter formulierte das so: Nachdem das Gericht auf einen Topf einen Deckel gelegt hatte, hat der Bundestag die anderen drei Töpfe umso üppiger gefüllt.

Gewiss entfällt davon ein großer Teil auf die Finanzierung legitimer Aufgaben etwa der Fraktionen (für interne Koordinierung) und der Abgeordnetenmitarbeiter (zur Unterstützung der Abgeordneten bei ihrer parlamentarischen Arbeit). Ein anderer erheblicher Teil dieser gewaltigen Ressourcen wird aber für Tätigkeiten zugunsten der Mutterparteien verwendet; das ist verfassungswidrig. Den Missbrauch sieht man besonders deutlich an der Öffentlichkeitsarbeit der Fraktionen, die der Bürger kaum von der Werbetätigkeit der Mutterparteien unterscheiden kann. Deshalb lässt das Bundesverfassungsgericht in ständiger Rechtsprechung eine Staatsfinanzierung der Fraktionen nur für die parlamentsinterne Koordination zu.

Der Missbrauch wird auch besonders klar beim flächendeckenden Einsatz von Abgeordnetenmitarbeitern in Wahlkämpfen, wie er beispielsweise in einer Sendung des ARD-Fernsehmagazins *Report Mainz* wenige Tage vor der Bundestagswahl 2013 demonstriert wurde. Der politische Wettkampf der Parteien um die Gunst der Öffentlichkeit und der Bürger ist keineswegs auf die engere Vorwahlzeit begrenzt. Der Einsatz von Abgeordnetenmitarbeitern im Wahlkampf und für sonstige Parteizwecke ist verfassungsrechtlich eindeutig unzulässig und widerspricht auch § 12 Abs. 3 Satz 1 AbgG, wonach staatlich bezahlte Mitarbeiter nur zur Unterstützung bei der Erledigung der »parlamentarischen Arbeit« der Abgeordneten eingesetzt werden dürfen. Tatsächlich stellt das Hochschießen der »funktionalen Äquivalente« der offenen Parteienfinanzierung eine groß angelegte Flucht der Parlamentsparteien in die verdeckte Finanzierung dar.

Gravierende Folgen: Bürgerferne und Parteienverdrossenheit

Hält man sich die Entwicklung vor Augen, herrscht heute genau der Eindruck vor, dem das Bundesverfassungsgericht mit der Durchsetzung der Begrenzungen und Kontrollen für die offene Parteienfinanzierung hatte entgegenwirken wollen, dass nämlich die Parteien sich zum Schaden des Gemeinwesens im Übermaß aus der Staatskasse »bedienen« und damit ihr Ansehen schädigen und die Erfüllung ihrer Aufgaben beeinträchtigen.[1]

Mit den gewaltigen autonomen Geldquellen sinkt zugleich das Angewiesen-Sein der Parteien auf die Bürger. Statt Bürgerparteien entstehen, wie hohe Parteifunktionäre selbst formulieren, bürgerferne »Fraktionsparteien«, welche die Distanz zu den Menschen nicht mehr zu überbrücken vermögen und der Parteienverdrossenheit Vorschub leisten. Diese Entwicklung bestätigt auch die politikwissenschaftliche Parteienforschung. Sie bezieht die »parties in parliament«,[2] deren öffentliche Finanzierung gewaltig gewachsen ist, in einen erweiterten Parteienbegriff mit ein und diagnostiziert: Die Parteien seien im Begriff, sich aus ihrer gesellschaftlichen Verankerung zu lösen, sich zu »Kartellparteien« und von »bottom-up-parties« zu »top-down-parties«, kurz: zu wettbewerbsbeschränkenden Staatsparteien, zu entwickeln. Dadurch drohe ihre wichtigste Funktion, die Anliegen der Gesellschaft in den Staat zu vermitteln, zu verkümmern.

Umso mehr sind Grenzen und Kontrollen bei der Bewilligung und Verwendung der staatlichen Mittel verfassungsrechtlich geboten, besonders eben, um ihren Einsatz zugunsten der Mutterparteien zu verhindern. Doch der Bundestag hat sie gezielt und systematisch beseitigt. So verwehrt er dem Bundesrechnungshof – entgegen Art. 114 Abs. 2 GG und der Rechtsprechung des Bundesverfassungsgerichts – die Prüfung der Anstellung und Verwendung von Abgeordnetenmitarbeitern und schränkt seine Prüfung der Fraktionen ein. Damit hebelt er mangels veröffentlichter Prüfberichte auch die Wahrnehmung und Kontrolle durch die Öffentlichkeit aus.

Die Klage der ÖDP

All dies veranlasste die Ökologisch-Demokratische Partei (ÖDP), gegen den Bundestag und die von ihm bewirkte verdeckte Parteienfinanzierung zu klagen. Prozessvertreter und

Verfasser der Antragsschrift sowie der weiteren Schriftsätze der ÖDP war der Autor dieses kleinen Buches.[3]

Gegenstand des Verfahrens waren die Zahlungen, die der Bundestag im Jahre 2012 für die Fraktionen, für die Abgeordnetenmitarbeiter sowie in Form sogenannter Globalzuschüsse für die parteinahen Stiftungen bewilligt hatte. Denn ein großer Teil dieser Zahlungen von insgesamt 331 Millionen Euro kam, wie gezeigt, auch den Mutterparteien der Fraktionen und ihren Abgeordneten zugute. Dies verstößt gegen die Verfassungsgrundsätze der Staatsferne (beziehungsweise Bürgernähe) der Parteien und der Chancengleichheit im politischen Wettbewerb.

Nicht Gegenstand des Verfahrens waren die projektgebundenen Zuschüsse der parteinahen Stiftungen in Höhe von rund 350 Millionen Euro und die rund 180 Millionen Euro, welche die Landesparlamente ihren Fraktionen und ihren Abgeordneten für persönliche Mitarbeiter bewilligen. Hätte das Gericht der Klage der ÖDP entsprochen, wäre aber auch die verfassungsrechtliche Zweifelhaftigkeit vieler dieser Leistungen offenbar geworden. Direkt und indirekt ging es also um die Verfassungsmäßigkeit von Zuwendungen an die Politik in Höhe von fast 900 Millionen Euro. Ein positives Urteil hätte die Grundfesten der Politikfinanzierung erschüttert.

Bei der Bewilligung der Mittel und der Regelung ihrer Verwendung entscheidet das Parlament in eigener Sache. Das Bundesverfassungsgericht hat in früheren Urteilen selbst festgestellt, dass in solchen Fällen eine besonders intensive richterliche Überprüfung erforderlich ist. Denn nur das Gericht und die Öffentlichkeit können das in eigener Sache entscheidende Parlament wirksam kontrollieren. Doch die Öffentlichkeit wurde hier, wie gezeigt, vom Bundestag faktisch ausgeschaltet. Darum stand das Gericht erst recht in der Pflicht, verschärft zu prüfen.

Der Beschluss des Gerichts: unhaltbar

Doch der Zweite Senat des Bundesverfassungsgerichts hat die Klage der ÖDP ohne mündliche, also öffentliche Verhandlung mit Beschluss vom 15. Juli 2015 einstimmig als unzulässig verworfen; ihre Begründetheit kam gar nicht zur Sprache. Für die ÖDP war dies völlig überraschend – nach über 3-jähriger Dauer des Gerichtsverfahrens und nach beiderseits gewechselten Schriftsätzen im Umfang von rund 300 Seiten.

Der Beschluss ist unhaltbar. Er wurde dadurch ermöglicht, dass das Gericht wesentliches Vorbringen der ÖDP geflissentlich übersehen und ganze Schriftsätze der ÖDP übergangen hat. Beispielsweise hat das Gericht der ÖDP vorgehalten, sie habe nichts dazu vorgetragen, dass das Stiftungsurteil des Bundesverfassungsgerichts von 1986 überholt sei. Dieses Urteil hatte verdeckte Parteienfinanzierung durch die Staatsfinanzierung der Stiftungen noch in Abrede gestellt, und darauf gründet das Gericht nun seine Ausführungen zu den

Stiftungen. In Wahrheit hatte die ÖDP die Überholtheit des Urteils von 1986 ausführlich dargelegt.

Auch in mehreren weiteren Fällen hat das Gericht höchst relevantes Vorbringen der ÖDP verschwiegen. Darin liegt ein krasser Verstoß gegen den Grundsatz des rechtlichen Gehörs (Art. 103 Abs. 1 GG), über den sich auch das Bundesverfassungsgericht nicht hinwegsetzen darf.

Auch die Garantie effektiven Rechtsschutzes hat das Gericht verletzt, indem es der ÖDP vorhält, sie habe es vor 20 Jahren versäumt, gegen das Abgeordnetengesetz zu klagen, und müsse die darin niedergelegten Vorschriften deshalb – trotz ihrer materiellen und formellen Verfassungswidrigkeit – gegen sich gelten lassen. Dabei hatte eine solche Klagemöglichkeit seinerzeit in Wahrheit gar nicht bestanden.

Selbst der Vertreter der ÖDP war zum Beispiel über Unterlagen des Bundesrechnungshofs, die das Gericht ohne sein Wissen beigezogen hatte, nicht informiert worden. Dadurch war ihm die Möglichkeit genommen, dazu Stellung zu nehmen. Die Unterlagen waren auch in den Prozessakten nicht enthalten, sodass er nicht einmal im Nachhinein Kenntnis nehmen konnte.

Die krassen Verstöße gegen rechtsstaatliche Mindestanforderungen nahm das Gericht wohl vor, um nicht das Bestehen eines vom Bundestag (beziehungsweise von seinen Fraktionen und Abgeordneten) errichteten missbräuchlichen (und nach der eigenen Rechtsprechung vielfach verfassungswidrigen) Gesamtgeflechts bestätigen zu müssen, das der unkontrollierten und unbegrenzten Selbstbewilligung staatlicher Mittel und ihrer Verwendung für die Mutterparteien Tür und Tor öffnet. Das Gericht scheute wohl den Konflikt mit der politischen Klasse, die ein übergreifendes Interesse daran hat, sich zum Erhalt von Macht und Status unbegrenzt und unkontrolliert »selbst bedienen« zu können. Die Schmähungen und Drohungen, mit denen die etablierten Parteien den Senat nach der Aufhebung der Sperrklausel bei Europawahlen überzogen hatten, dürften ein Übriges bewirkt haben.

Die sieben Richter und Richterinnen des Zweiten Senats, die die Unzulässigkeitsentscheidung getroffen haben, waren sich offenbar darin einig, in der Sache *nicht* zu entscheiden. Insofern haben sie eine sogenannte Docket-Control-Entscheidung vorgenommen, ohne dies offenzulegen. Ein solches Vorgehen ist dem Bundesverfassungsgericht – im Gegensatz etwa zum Supreme Court der USA – aber rechtlich verwehrt. Das Gericht hielt sich auch nicht an die eigene frühere Rechtsprechung, nach der es Entscheidungen des Parlaments in eigener Sache besonders intensiv zu überprüfen hat. Schließlich hatte es in früheren Urteilen selbst die dafür erforderlichen einzelnen Erkenntnisse geliefert, die es nur noch hätte zusammenfügen müssen.

Vor diesem Hintergrund bleibt festzustellen, dass das Bundesverfassungsgericht die Chance verpasst hat, einzugreifen und die Flucht der Parteien in die verdeckte Staatsfinanzierung mit all ihren misslichen Folgen zu stoppen. Mit dem höchst fragwürdigen Nichtzulassungsbeschluss hat das Gericht es nicht nur geschafft, eine mit erheblichem Konfliktpotenzial beladene Entscheidung über die Begründetheit der Klage zu umgehen, sondern auch die Öffentlichkeit auszuschalten. Dies erinnert in fataler Weise an das Vorgehen der politischen Parteien im Bundestag und trug dazu bei, dass praktisch kein Medium von dem nach Verfahren und Inhalt unsäglichen Beschluss Kenntnis nahm.

Die abrupte Beendigung des Verfahrens ohne mündliche Verhandlung hatte der ÖDP die Möglichkeit genommen, den Berichterstatter Peter Müller, also die zentrale Figur im vorliegenden Verfahren, noch abzulehnen, nachdem er selbst sich offenbar nicht für befangen gehalten hatte. Müller hatte als Ministerpräsident des Saarlandes selbst verdeckte Parteienfinanzierung begangen, deren Verfassungswidrigkeit das saarländische Verfassungsgericht ausdrücklich bestätigt hatte.

I

Die Ökologisch-Demokratische Partei (ÖDP)

Die ÖDP wurde 1982 gegründet. Erster Bundesvorsitzender war der ehemalige CDU-Bundestagsabgeordnete Dr. Herbert Gruhl, Autor des Bestsellers *Ein Planet wird geplündert*. Seitdem hat sie an rund 80 Parlamentswahlen auf Bundestags-, Europa- und Landtagsebene teilgenommen. Seit 2014 ist sie durch Prof Dr. Klaus Buchner mit einem Mandat im Europäischen Parlament vertreten. Die ÖDP hat auf kommunaler Ebene circa 470 Mandate, einen Großteil davon in Bayern, aber auch in Baden-Württemberg, Nordrhein-Westfalen und Rheinland-Pfalz.

Zahlreiche Bürgermeister, Zweite und Dritte Bürgermeister, Ortsvorsteher sowie Beigeordnete gehören der ÖDP an.

Die ÖDP führte mehrere Volksgesetzgebungsverfahren in Bayern mit Erfolg durch. Den Volksentscheid von 1998, durch den schließlich der Bayerische Senat abgeschafft wurde, hatte die ÖDP ursprünglich allein initiiert; später schlossen sich andere Parteien und Gruppierungen an. Dasselbe gilt für die Durchsetzung des strengen Rauchverbots in Bayern durch Volksentscheid im Jahre 2011. Das brachte der ÖDP den von der *Frankfurter Allgemeinen Zeitung* formulierten Ehrentitel »wirksamste Oppositionspartei in Bayern« ein.

Auch mit wichtigen Verfassungsprozessen brachte die ÖDP Bewegung in die Politik. So beruhte die Beseitigung der verfassungswidrigen Fünf-Prozent-Klausel bei Kommunalwahlen in Nordrhein-Westfalen durch das dortige Verfassungsgericht im Juni 1999[4] auf einer von der ÖDP angestrengten Klage und dem von ihr in Auftrag gegebenen Gutachten. Ebenso klagte sie – zusammen mit den Freien Wählern – erfolgreich gegen die Drei-Prozent-Sperrklausel bei der deutschen Europawahl (Urteil des Bundesverfassungsgerichts vom Januar 2014[5]). Schon vorher hatte sie mit ihrer Klage eine Parteienfinanzierungsregelung in Karlsruhe zu Fall gebracht (Urteil von 2004[6]). Damit hatte die ÖDP ein Urteil erwirkt, dass die grundlegende Bedeutung des politischen Wettbewerbs und der Chancengleichheit sowie die wichtige Rolle kleiner, die Etablierten herausfordernder Parteien nachdrücklich betont. Im jetzigen Kampf könnte sie am Ende vielleicht als »einzige wirksame Oppositionspartei gegen die verdeckte Parteienfinanzierung« dastehen.

II

Hintergrund der Klage: die finanzielle Größenordnung

Im Jahre 2012, das die Klage betrifft, bewilligten sich die Fraktionen im Bundestag 81 Millionen Euro. Für ihre persönlichen Mitarbeiter gönnten sich die Bundestagsabgeordneten 152 Millionen; damit standen jedem Abgeordneten (einschließlich der ebenfalls vom Bundestag getragenen Arbeitgeber-Sozialabgaben) monatlich rund 21 000 Euro für persönliche Mitarbeiter zur Verfügung, womit Abgeordnete im Durchschnitt je sieben Mitarbeiter finanzierten. Ihren parteinahen Stiftungen überwiesen sie allein an sogenannten Globalzuschüssen 98 Millionen. Im Rechtsstreit ging es also um die Verfassungsmäßigkeit umfangreicher öffentlicher Mittel (2012: 331 Millionen Euro), die sich die Berliner politische Klasse in eigener Sache bewilligt.

Darüber hinaus wären indirekt auch die weiteren rund 350 Millionen Euro betroffen gewesen, die der Bundestag den parteinahen Stiftungen jährlich für bestimmte Projekte bewilligt (und die jeweils auch eine bestimmte Quote für interne Verwaltungskosten vorsehen), sowie die rund 180 Millionen Euro, die die Landesparlamente ihren Fraktionen und ihren Abgeordneten für persönliche Mitarbeiter zahlen. Sie waren zwar beide nicht Gegenstand des Verfahrens, bei einer positiven Entscheidung des Gerichts wäre aber auch die Frage ihrer Verfassungsmäßigkeit in den Fokus gerückt.

III

Das Problem der verdeckten Parteienfinanzierung

1. Verfassungswidrige Diskriminierung der ÖDP

Die Klage der ÖDP war gegen den Bundestag gerichtet, der seinen Fraktionen Zuwendungen gewährt, seinen Abgeordneten persönliche Mitarbeiter finanziert, den parteinahen Stiftungen der Bundestagsparteien öffentliche Mittel zuwendet (die Beträge wurden soeben unter II genannt) und insgesamt ein umfassendes Missbrauchssystem unbegrenzter und unkontrollierter Selbstbewilligung geschaffen hat.

Da das Gericht die Zulässigkeit der Klage verneint hat, nicht aber die Begründetheit des Vorbringens der ÖDP, ist dieses nach wie vor aktuell und wird deshalb hier im Zusammenhang wiedergegeben.

All die genannten Gelder kommen zu einem erheblichen Teil auch den Mutterparteien der im Parlament vertretenen

Abgeordneten und Fraktionen zugute. Durch diese verdeckte staatliche Parteienfinanzierung werden außerparlamentarische Parteien wie die ÖDP diskriminiert. Das verstößt gegen den Grundsatz der Chancengleichheit im politischen Wettbewerb, sodass das Gericht die Verfassungswidrigkeit der Maßnahmen hätte feststellen müssen.

2. Gegenbeispiel: offene Staatsfinanzierung gemäß § 18 PartG

An der offenen staatlichen Parteienfinanzierung müssen außerparlamentarische Parteien von Verfassungs wegen beteiligt werden (so jetzt auch § 18 Abs. 4 PartG). Die offene Staatsfinanzierung betrug 2012 für alle Parteien gemeinsam auf Bundes- und Landesebene sowie für die deutschen Parteien auf Europaebene 151 Millionen Euro. Die Beteiligung außerparlamentarischer Parteien hatte das Bundesverfassungsgericht – gegen den Widerstand des Parlaments – schon Ende der Sechzigerjahre durchgesetzt.[7]

Zugleich hat das Gericht die direkte Staatsfinanzierung, um ein übermäßiges Wachstum zu verhindern, durch die relative und die absolute Obergrenze gedeckelt (so als Folge der Rechtsprechung jetzt auch § 18 Abs. 2 und 5 PartG). Erhöhungen müssen, um öffentliche Kontrolle zu ermöglichen, kraft Verfassung durch Änderung des Parteiengesetzes erfolgen, in dem die Beträge niedergelegt sind (§ 18 Abs. 3 PartG). Um diesen begrenzenden und kontrollierenden Vorkehrungen zu entgehen, hat der Bundestag die Flucht in die verdeckte Parteienfinanzierung ergriffen.

Alle für die offene Parteienfinanzierung geltenden Vorkehrungen gegen ein Zuviel an selbst bewilligten Zahlungen hat der Bundestag bei Fraktionen, parteinahen Stiftungen und Abgeordnetenmitarbeitern beseitigt; zugleich hat er wirksame Kontrollen, die eine Verwendung der staatlichen Ressourcen für die Mutterparteien verhindern, geschwächt oder ganz ausgeschaltet.

Dadurch wird eine weit überproportional steigende »Selbstbedienung« ermöglicht, der Verfassungsgrundsatz der Staatsfreiheit der Parteien wird ausgehebelt, die ÖDP und andere außerparlamentarische Parteien werden diskriminiert, und ihr Recht auf politische Chancengleichheit wird verletzt.

3. Das Stiftungsurteil des Bundesverfassungsgerichts von 1986: rechtlich überholt

Dass über die Globalzuschüsse zu parteinahen Stiftungen verdeckte Parteienfinanzierung vorgenommen würde, hatte ein Urteil des Bundesverfassungsgerichts von 1986 noch in Abrede gestellt. Dieses Urteil ist aber durch die inzwischen eingetretenen rechtlichen und tatsächlichen Veränderungen, insbesondere durch die Verschärfung der anzuwendenden verfassungsrechtlichen Maßstäbe in der jüngeren Rechtsprechung des Bundesverfassungsgerichts, völlig überholt. Es kann deshalb der Feststellung, dass die Globalzuschüsse zu einem erheblichen Teil verdeckte Parteienfinanzierung zulasten der Allgemeinheit und unter Verletzung der Chancengleichheit kleinerer Parteien darstellen, nicht mehr im Wege stehen.

Für die parteinahen Stiftungen gibt es nicht einmal ein Gesetz. Das ist ein ziemlich offensichtlicher Verstoß gegen den Gesetzesvorbehalt und die Wesentlichkeitstheorie des Bundesverfassungsgerichts. Sie werden durch die »Gemeinsame Erklärung zur staatlichen Finanzierung der politischen Stiftungen« von 1998 »geregelt«,[8] die sich ihrerseits auf das (in Wahrheit überholte) Stiftungsurteil des Bundesverfassungsgerichts von 1986 stützt. Die Erklärung sieht vor, dass derartige Stiftungen nur staatlich finanziert werden, wenn die jeweilige Mutterpartei bei mindestens zwei Bundestagswahlen die Sperrklausel überwunden hat. Ergebnisse bei Landtagswahlen und bei der deutschen Europawahl spielen keine Rolle. Ist die Stiftung erst einmal etabliert, wird sie auch dann für mindestens eine Wahlperiode weiter staatlich finanziert, wenn die Mutterpartei aus dem Bundestag ausscheidet.[9] Deshalb erhält die Friedrich-Naumann-Stiftung weiterhin Geld, obwohl die FDP 2013 den Einzug in den Bundestag verpasst hatte. Die AfD, die 2013 fast das gleiche Wahlergebnis erzielt hatte, erhält dagegen keine Stiftung staatlich finanziert. Selbst wenn sie 2017 in den Bundestag kommen sollte, würde eine AfD-Stiftung erst ab 2021 subventioniert. Dagegen erhielte die Naumann-Stiftung 2013–2025 durchgehend Staatsgeld, wenn auch sie 2017 wieder in den Bundestag käme, und zwar selbst dann, wenn sie 2021 wieder aus dem Bundestag ausscheiden müsste.

Die »Gemeinsame Erklärung« kann also etablierten Parteien gegenüber einer neu in den Bundestag kommenden Partei acht Jahre lang gewichtige Wettbewerbsvorteile verschaffen, selbst wenn diese genau die gleiche Stimmenzahl erhalten würde. Derartige die Etablierten krass privilegierende Regelungen sind inhaltlich nicht akzeptabel; sie allein durch eine nicht-gesetzliche Absprache unter den Betroffenen zu regeln, erscheint erst recht nicht hinnehmbar.

4. Selbstbewilligung der Staatsmittel: ohne Kontrolle

Die Fraktionen und die Abgeordneten übernehmen mit den selbst bewilligten staatlichen Mitteln in erheblichem Umfang Aufgaben der Mutterparteien, entlasten diese dadurch von finanziellen Ausgaben und bewilligen sich die Mittel in Kenntnis dieser verdeckten Parteienfinanzierung in eigener Sache. Dadurch, dass die Bewilligung lediglich in einem Titel des Haushaltsplans erfolgt und die Fraktionen nicht einmal ihre Ausgaben im Bundeshaushalt spezifiziert ausweisen, geschieht die Bewilligung praktisch unter Ausschluss der öffentlichen Kontrolle, was auch gewaltige Steigerungen (und dadurch auch immer umfangreichere Unterstützung der Mutterparteien) ermöglicht hat, sodass die Lage im Laufe der Jahre zulasten der außerparlamentarischen Konkurrenten der Parlamentsparteien (und der Allgemeinheit) immer fataler geworden ist.

5. Verwendung der staatlichen Ressourcen für die Mutterparteien: ohne Kontrolle

Die Kontrolle wird nicht nur bei der Bewilligung der Mittel unterlaufen. Auch die Verwendung der Mittel, vor allem eben die Verwendung zugunsten ihrer Mutterparteien, wird praktisch nicht kontrolliert. Obwohl schon bei Erlass der Vorschrift über Abgeordnetenmitarbeiter im Bundestag die Gefahr der Verwendung für Parteizwecke erkannt worden war und § 12 Abs. 3 Satz 1 AbgG deshalb vorsieht, dass der Abgeordnete Aufwendungen für die Beschäftigung von Mitarbeitern nur »zur Unterstützung bei der Erledigung seiner parlamentarischen Arbeit gegen Nachweis« ersetzt bekommen darf, überprüft der Bundesrechnungshof die Abgeordnetenmitarbeiter überhaupt nicht und die Fraktionen allenfalls im Hinblick auf krasse Fälle, die aber das allgemeine Problem der verdeckten Parteienfinanzierung nicht betreffen.

Auch der Bundestagspräsident wird selbst beim Bekanntwerden spektakulärer rechts- und verfassungswidriger Verwendung der Mitarbeiter, wie vor der Bundestagswahl 2013, nicht aktiv. Eine öffentliche Kontrolle erfolgt schon gar nicht; sie wird vielmehr gezielt ausgehebelt.

Sonstige Kontrollen gibt es nicht. Stattdessen erlaubt der Bundestag seinen Mitgliedern die Verwendung der Mitarbeiter in unbegrenzter Zahl im Wahlkreis und gestattet, auch Funktionäre und Angestellte der Parteien als Abgeordnetenmitarbeiter auf Staatskosten zu beschäftigen, was – angesichts des Fehlens von Kontrollen und des alles dominierenden Motivs des Macht- und Statuserhalts im politischen Wettbewerb – der verdeckten Finanzierung von Parteiarbeit geradezu Vorschub leistet.

6. Versuch der Absicherung der verfassungswidrigen Bewilligung und Verwendung durch selbst erteilten gesetzlichen »Freibrief«: ebenfalls verfassungswidrig

a) Materielle Verfassungswidrigkeit der gesetzlichen Gestattungen

Dieses offensichtlich mangelhafte Verfahren bei Bewilligung und Verwendung der Mittel haben die Fraktionen des Bundestags sich zwar ausdrücklich genehmigt. Dies ist hinsichtlich der Fraktionen dadurch geschehen, dass sie die entsprechenden Erlaubnisse als elften Abschnitt (§§ 45–54) ins Abgeordnetengesetz eingefügt haben. Hinsichtlich der Abgeordnetenmitarbeiter ist das Abschieben der Bewilligung in den Haushaltsplan durch § 12 Abs. 3 Satz 5 AbgG erfolgt.

Die Bestimmungen sind jedoch materiell und formell verfassungswidrig. Materiell sind sie verfassungswidrig, weil die Nichtnennung der Betragshöhe und – im Falle der Fraktionen – auch der Verteilung der Mittel im Gesetz gegen den Verfassungsgrundsatz des Gesetzesvorbehalts verstößt, der bei Entscheidungen des Bundestags in eigener Sache gilt. Dasselbe trifft auf die bloß im Haushaltsplan bewilligten Globalzuschüsse der parteinahen Stiftungen zu, bei denen eine gesetzliche Regelung völlig fehlt.

Materiell verfassungswidrig sind die Bestimmungen des Fraktionsgesetzes auch, weil sie den Fraktionen – entgegen der Rechtsprechung des Gerichts – Öffentlichkeitsarbeit erlauben und weil sie eine sachlich unbegrenzte Prüfung der Fraktionen durch den Bundesrechnungshof, die das Gericht ebenfalls eingefordert hatte, untersagen.

b) Formelle Verfassungswidrigkeit der Gestattungen

Formell verstoßen die Bestimmungen des Abgeordnetengesetzes gegen das Grundgesetz, weil die einschlägigen Bestimmungen manipulativ zustande gekommen sind. Denn in den parlamentarischen Verfahren, in denen der Bundestag die Regelungen beschlossen hatte, sind die verfassungsrechtlichen Einwände schlicht unterschlagen und der Bericht einer Sachverständigenkommission, die die Einwände im Einzelnen dargestellt hatte, gezielt falsch wiedergegeben und so die vom Verfassungsgericht formulierten Mindestanforderungen für ein verfassungsmäßiges Gesetzgebungsverfahren nicht eingehalten worden.

Im Einzelnen: Indem die den Bundestag beherrschenden Fraktionen sich durch entsprechende Gesetzesgestaltung erlauben, mit den Staatsmitteln eine Reihe von Tätigkeiten zu finanzieren, die auch ihren Mutterparteien zugutekommen (§ 52 Abs. 2 Nr. 2 AbgG), insbesondere indem sie sich gestatten, damit Öffentlichkeitsarbeit zu betreiben (§ 47 Abs. 3 in Verbindung mit § 50 Abs. 1 AbgG), ignorieren sie die

Rechtsprechung des Bundesverfassungsgerichts. Denn diese lässt Staatszuschüsse von Verfassungs wegen allein für die fraktionsinterne Koordination zu;[10] ihre Verwendung für Öffentlichkeitsarbeit der Fraktionen ist also nicht zulässig. Wie sehr gerade die ÖDP davon negativ betroffen ist, zeigt sich auch darin, dass die Mittel für Öffentlichkeitsarbeit, die bei kleineren Bundestagsparteien weit überproportional hoch sind, in Wahrheit insgesamt sehr viel höher sind, als die veröffentlichten Zahlen besagen. Denn in den Berichten werden nur die Sachausgaben, nicht auch die Personalausgaben für Öffentlichkeitsarbeit ausgewiesen.

Indem die Abgeordneten und Fraktionen durch entsprechende Gesetzesgestaltung die Festlegung der Höhe und der Verteilung der Staatsmittel für Fraktionen(§ 50 Abs. 1 AbgG) und die Höhe der Mittel für Abgeordnetenmitarbeiter (§ 12 Abs. 3 Satz 5 AbgG) in den Haushaltsplan abgeschoben haben, ignorieren sie die Rechtsprechung des Gerichts, die bei Entscheidungen in eigener Sache sowie bei wesentlichen Entscheidungen eine spezialgesetzliche Regelung vorschreibt.

So hat der Thüringer Verfassungsgerichtshof hinsichtlich des finanziellen Status von Abgeordneten »in Übereinstimmung mit dem Bundesverfassungsgericht«[11] zusammenfassend entschieden, dass die Abgeordneten »ein besonderes Verfahren einhalten [müssen, sodass] die konkrete Entscheidung der Kritik der außerparlamentarischen Öffentlichkeit begegnen können muss [...]. Diese für Veränderungen der Abgeordnetenentschädigung zu beachtende Transparenz erfordert, dass die verändernde Entscheidung Gegenstand eines formellen Parlamentsgesetzes ist, das heißt nicht in einem Verfahren beschlossen wird, das in einem minder dichten Maß geregelt ist und in seiner Abfolge weniger klar im Licht der Öffentlichkeit steht, als dies bei einem formellen Gesetz der Fall ist.«[12]

Hinsichtlich der Fraktionen formulierte die vom damaligen Bundespräsidenten Richard von Weizsäcker eingesetzte sogenannte Sendler-Kommission[13] die Notwendigkeit eines Gesetzesvorbehalts wie folgt:

»Geboten sind spezielle Fraktionsgesetze, die die öffentlichen Leistungen, die die Fraktionen erhalten, nach Art und Höhe genau benennen, auch die konkreten Beträge der Zahlungen, wie dies bisher nur vereinzelt geschehen ist. Es gilt nach Auffassung der Kommission auch hier von Verfassungs wegen ein Gesetzesvorbehalt.«[14]

Indem die Fraktionen dem Rechnungshof durch entsprechende Gesetzesgestaltung untersagen, zu überprüfen, ob ihre staatsfinanzierten Maßnahmen der sonst üblichen Zulässigkeitsvoraussetzung der »Erforderlichkeit« genügen (§ 53 Abs. 2 AbgG), ignorieren sie die verfassungsgerichtliche Rechtsprechung, die festgestellt hatte, dass die Rechtmäßigkeit und Wirtschaftlichkeit der Verwendung von Fraktionszuschüssen gemäß Art. 114 Abs. 2 GG »in gleicher Weise und nach den gleichen verfassungsrechtlichen und haushaltsrechtlichen Maßstäben wie bei anderen Etatmitteln auch« geprüft werden müssen.[15]

c) Gezielte Täuschungsmanöver

Bei allen diesen Regelungen, mit denen die Abgeordneten und Fraktionen des Bundestags sich selbst zur verfassungswidrigen Bewilligung und Verwendung staatlicher Mittel und zur Schwächung von Kontrollen im Abgeordnetengesetz ermächtigen, haben die Gesetzesinitiatoren sich weder mit den entgegenstehenden Urteilen des Bundesverfassungsgerichts noch mit dem Bericht der Sendler-Kommission auseinandergesetzt, der die genannten verfassungsrechtlichen Anforderungen ausführlich unterstrichen hat, ja, im Gesetzgebungsverfahren hatten ihre Vertreter behauptet, das Abgeordnetengesetz entspreche genau denVorgaben jener Kommission,[16] was grob unrichtig war. Auch im gesetzgeberischen Verfahren bei Regelung der Abgeordnetenmitarbeiter hat jede Auseinandersetzung mit Einwänden gefehlt.

Das gezielte Täuschen der Öffentlichkeit widerspricht dem verfassungsrechtlich gebotenen Minimum an gesetzgeberischer Verfahrensrationalität, das insbesondere bei Entscheidungen des Parlaments in eigener Sache vorliegen muss. Das Bundesverfassungsgericht hat ein solches Minimum an gesetzgeberischer Verfahrensrationalität im Hartz-IV-Urteil von 2010 mit Recht gefordert. Fehlt es daran, ist das Gesetz bereits deshalb verfassungswidrig.[17] Das muss erst recht gelten, wenn das Parlament in eigener Sache entscheidet; denn dann entfällt die inhaltliche Richtigkeitsgewähr, sodass es in gesteigertem Maße auf die Korrektheit des Verfahrens ankommt.

7. Resümee: ein missbräuchliches Gesamtsystem

Der Bundestag hat die öffentliche Kontrolle durch mehrere hintereinander gestaffelte Aktionen gezielt ausgeschaltet:

(1) Bei der Beschlussfassung über die Gewährung der Mittel lässt der Bundestag die öffentliche Kontrolle dadurch weitgehend leerlaufen, dass er die Bewilligung lediglich im Haushaltsplan vorsieht, und dort auch noch stark verdünnt, weil bei Fraktionen die sonst übliche Spezifizierung im Haushaltsplan fehlt und weil die zu bewilligenden Beträge in dem von der Bundesregierung eingebrachten Haushaltsplanentwurf noch gar nicht aufgeführt werden, sondern erst später in diesen eingefügt werden, sodass sie dem Bundestagsplenum erst in der letzten öffentlichen Sitzung vorliegen. Damit werden Erhöhungen erst recht der Wahrnehmung und Kontrolle durch die Öffentlichkeit entzogen. Im Bundesgesetzblatt veröffentlicht werden die Beträge ohnehin nicht; dort wird nur der Gesamthaushalt publiziert, nicht auch die einzelnen Titel.

(2) Die Prüfung, ob die staatlichen Mittel auch zugunsten der Mutterparteien verwendet werden, untersagt der Bundestag dem Bundesrechnungshof bei den Abgeordnetenmitarbeitern völlig, und die Fraktionen darf der Rechnungshof nur eingeschränkt prüfen. Der Bundes-

rechnungshof veröffentlicht die Berichte über die Prüfung der Fraktionen – entgegen der Verfassung – nicht, und der Bundestag unterstützt ihn darin auch noch, indem er insoweit auch das Informationsfreiheitsgesetz gezielt entschärft hat. Auch der Bundestagspräsident hält sich – aufgrund seiner Befangenheit zugunsten des »Hohen Hauses« – bei der Kontrolle zurück.

(3) Der Bundestag hat die mangelnde Kontrolle bei der Bewilligung und Verwendung der staatlichen Mittel durch in eigener Sache beschlossene Gesetze abzusichern versucht, die das mehrfach Verfassungswidrige scheinbar gestatten und die ihrerseits unter Ausschluss der öffentlichen Kontrolle zustande gekommen sind, indem die Initiatoren der Gesetze über die verfassungsrechtliche Unzulässigkeit solcher Beschlüsse bewusst hinweggetäuscht hatten.

Angesichts dieses tief gestaffelten Systems zum Ausschluss der öffentlichen Kontrolle bei Bewilligung und Verwendung der umfangreichen staatlichen Mittel, dem die übergreifende Intention der politischen Klasse zugrunde liegt, möglichst alle Kontrollen auszuhebeln, um sich unbehelligt »bedienen« zu können, ist es Aufgabe des Bundesverfassungsgerichts, eine strenge gerichtliche Kontrolle vorzunehmen. Denn bei Entscheidungen des Parlaments in eigener Sache sind Öffentlichkeit und die verschärfte Kontrolle durch die Verfassungsrechtsprechung die einzigen wirksamen Kontrollen.

Bei Beseitigung der öffentlichen Kontrolle muss das Verfassungsgericht umso schärfer zugreifen. Vor dieser Aufgabe – das sei im Vorgriff auf die Kritik (unter V) hier schon erwähnt – hat das Gericht versagt.

Der bei der Bewilligung und Verwendung der staatlichen Mittel für Fraktionen, parteinahe Stiftungen und Abgeordnetenmitarbeiter in eigener Sache vorgenommene verfassungswidrige weitgehende Ausschluss der – gerade bei Entscheidungen des Bundestags in eigener Sache – unerlässlichen Kontrollen, insbesondere durch die Öffentlichkeit und den Rechnungshof, stellt sich, stellt man die einzelnen Teilmaßnahmen richtigerweise in den Gesamtzusammenhang, als ein in eigener Sache manipuliertes, umfassendes missbräuchliches Gesamtsystem dar. Die kontrollfreie und unbegrenzte Selbstbewilligung und Selbstverwendung der staatlichen Mittel und ihr gezieltes »Überschwappen-Lassen« zugunsten der Parlamentsparteien belasten die Allgemeinheit und diskriminieren außerparlamentarische Parteien wie die ÖDP, und das Gewicht und die Intensität dieser Gemeinwohlschädlichkeit und Diskriminierung haben im Laufe der Zeit immer weiter zugenommen.

Nimmt man alles zusammen in den Blick, so wird deutlich, dass es sich genau um das System handelt, welches das Bundesverfassungsgericht am Beispiel der Fraktionen als von vornherein verfassungswidrig gebrandmarkt hatte: Im Verfahren des fraktionslosen Abgeordneten Wüppesahl hatte das Gericht mit Bezug auf die Fraktionsfinanzierung Darlegungen des Antragstellers vermisst, die darauf hinwiesen, »der Bundestag selbst habe mit dieser seiner Regelung, sei es durch übermäßige Zuwendungen, sei es durch ungenügende Voraussicht und Kontrolle, einem Missbrauch das Tor geöffnet und so den Weg geebnet für eine verfassungswidrige Parteienfinanzierung«.[18] Das Bestehen eines solchen missbräuchlichen Gesamtgeflechts hat die ÖDP nunmehr dargelegt. Es besteht aus einer Reihe von in eigener Sache getroffenen verfassungswidrigen Gesetzen und Haushaltsbeschlüssen sowie schlichtem verfassungswidrigen Geschehenlassen. Das Geflecht betrifft sowohl die Bewilligung als auch die Verwendung der Mittel und den Ausschluss der jeweiligen Kontrollen.

Das System wird durch Dreierlei konstituiert: das gemeinsame Interesse der politischen Klasse, sich öffentliche Mittel zu bewilligen; ihr gemeinsames Interesse, die Kontrollen zu schleifen, um die Selbstbewilligung und die Selbstverwendung möglichst unbehelligt durchführen zu können; und beides wird beflügelt durch das alles andere dominierende Interesse der politischen Klasse, die Mittel im Kampf um Macht, Einfluss und Positionen einzusetzen.

Das Bestehen eines solchen missbräuchlichen Gesamtsystems, das ihre politische Chancengleichheit massiv beeinträchtigt, hatte die ÖDP nicht nur in Bezug auf die Fraktionsfinanzierung ausführlich dargelegt, sondern auch in Bezug auf Abgeordnetenmitarbeiter und parteinahe Stiftungen. Dieses missbräuchliche Gesamtsystem wird jedes

Jahr durch die Bewilligung der Mittel im Haushaltsplan für Fraktionen, Abgeordnetenmitarbeiter und parteinahe Stiftungen genährt. Es begründet eine dauernde Verletzung der Rechte der ÖDP (oder jedenfalls die unmittelbare Gefahr einer solchen Verletzung) und damit auch die Zulässigkeit ihrer Organklage.

IV

Was insgesamt geschehen muss

Im Folgenden sei ein Überblick gegeben, welche Maßnahmen zu treffen sind:

- Der Bundestag muss dem Bundesrechnungshof die Kontrolle der Abgeordnetenmitarbeiter gestatten. Die Aussperrung des Rechnungshofs widerspricht Art. 114 Abs. 2 GG. Das wird auch dadurch bestätigt, dass die Rechnungshöfe anstandslos auch autonome öffentlich-rechtliche Fernsehanstalten und Gemeinden prüfen. Die Freiheit des Mandats (Art. 38 Abs. 1 Satz 2 GG) steht der Prüfung der Abgeordnetenmitarbeiter durch den Rechnungshof genauso wenig entgegen, wie die Unabhängigkeit der öffentlich-rechtlichen Fernsehanstalten (Art. 5 Abs. 1 Satz 2 GG) und die Selbstverwaltungsgarantie der Gemeinden (Art. 28 Abs. 2 GG) deren Prüfung durch die Rechnungshöfe hindern.
- Der Bundesrechnungshof muss die Fraktionen genauso vorbehaltlos prüfen und die Ergebnisse der Prüfung veröffentlichen, wie er dies auch bei anderen öffentlichen

Stellen tut. Auch das ergibt sich aus Art. 114 Abs. 2 GG, wie das Bundesverfassungsgericht selbst festgestellt hat.

- Die Abgeordneten müssen von Verfassungs wegen dazu verpflichtet werden, über ihre staatlich finanzierten Mitarbeiter und über deren Einsatz öffentlich Rechenschaft zu legen, um öffentliche Kontrolle zu ermöglichen, genauso wie auch die Parteien und die Fraktionen bisher schon öffentliche Rechenschaft zu legen haben.
- Öffentlichkeitsarbeit der Fraktionen des Bundestags ist verfassungsrechtlich unzulässig. Da der Bürger sie nicht von Werbemaßnahmen der Mutterparteien unterscheiden kann, hat das Bundesverfassungsgericht wiederholt festgestellt, dass die staatlichen Fraktionsgelder lediglich für die fraktionsinterne Koordination bestimmt sind. Die staatlichen Mittel der Fraktionen sind um die bisher für Öffentlichkeitsarbeit aufgewendeten Beträge zu kürzen.
- Die Verwendung der Abgeordnetenmitarbeiter für Parteizwecke ist unzulässig. Die bewilligten Mittel sind ebenfalls zu kürzen.
- Um in Zukunft eine unkontrollierte Entwicklung der in eigener Sache bewilligten öffentlichen Mittel zu verhindern, darf die Höhe der Zahlungen für Fraktionen, Abgeordnetenmitarbeiter und parteinahe Stiftungen nicht mehr, wie bisher, nur in einem Titel des Haushaltsplans stehen, sondern muss spezialgesetzlich exakt beziffert werden. Das verlangen der – bei Entscheidungen des Parlaments in eigener Sache verfassungsrechtlich geltende – Gesetzesvorbehalt und der verfassungsrechtliche Grund-

satz, dass wesentliche Entscheidungen vom Gesetzgeber öffentlichkeitswirksam zu treffen sind. Für Fraktionen und Abgeordnetenmitarbeiter ist die konkrete Höhe der Mittel im Abgeordnetengesetz niederzulegen. Für parteinahe Stiftungen, für die es bisher überhaupt keine gesetzliche Grundlage gibt, ist eine solche einzuführen, also ein Gesetz für politische Stiftungen zu erlassen.

- Die Mittel für Fraktionen müssen zudem spezifiziert im Haushaltsplan ausgewiesen werden.
- Absolute Obergrenzen, wie sie das Bundesverfassungsgericht für die offene Parteienfinanzierung durchgesetzt hat, müssen von Verfassungs wegen auch für die Staatsfinanzierung der Fraktionen, Abgeordnetenmitarbeiter und parteinahen Stiftungen eingeführt werden.

Da der Gesetzgeber aber nicht von sich aus tätig wird, sondern im Gegenteil – und in vielfachem Widerspruch zum Grundgesetz – die Grenzen und Kontrollen beseitigt hat und so gezielt der verdeckten staatlichen Parteienfinanzierung Vorschub leistet, können die genannten Maßnahmen wohl nur durch Verfassungsgerichte oder durch massiven öffentlichen Druck durchgesetzt werden.

V

Kritik des Gerichtsbeschlusses vom 15.7.2015

1. Zum Verfahren des Zweiten Senats bei Behandlung der Klage der ÖDP

a) Ein schludriges Verfahren im medialen Windschatten der Range/Maaßen-Affäre

Der Zweite Senat des Verfassungsgerichts hat eine im Juni 2012 erhobene sogenannte Organklage der ÖDP gegen den Bundestag wegen verdeckter Parteienfinanzierung durch Fraktionen, Abgeordnetenmitarbeiter und parteinahe Stiftungen ohne mündliche Verhandlung einstimmig als unzulässig verworfen.[19] Der Prozessvertreter der ÖDP wurde davon völlig überrascht. Der Senat hatte, ohne dies vorher anzukündigen, »kurzen Prozess« gemacht und die Anträge ohne mündliche Verhandlung als unzulässig verworfen. Die nicht veröffentlichten Prüfberichte des Bundesrechnungshofs betreffend die Fraktionen, die das Gericht angefordert und verwendet hatte (Rn. 55 und 83, 87 des Beschlusses), waren dem Prozessvertreter nicht zur Kenntnis gegeben worden, sodass er dazu nicht Stellung nehmen konnte.

Das Gericht stellte seinen Beschluss samt Presseerklärung am 4. August 2015 ins Internet. Dem Prozessvertreter war der Beschluss aber – trotz § 32 Abs. 1 der Geschäftsordnung des Bundesverfassungsgerichts[20] – am 4. August noch nicht zugegangen.[21]

Der ins Internet gestellte Text des Beschlusses wies formale Mängel auf. Die Gliederung der einzelnen Absätze des Beschlusses war – beginnend mit Rn. 18 – an rund 50 Stellen fehlerhaft.[22] Über derartige Redaktionsversehen könnte man normalerweise hinwegsehen, wären sie hier nicht ein weiteres Indiz für die schludrige Behandlung des gesamten Verfahrens durch das Gericht.

Hatte man es mit der Veröffentlichung des Beschlusses samt Presseerklärung etwa derart eilig, dass man zu seiner abschließenden Durchsicht keine Zeit fand? Jedenfalls hatte die Veröffentlichung am 4. August zur Folge, dass der Beschluss im publizistischen Windschatten der Range/Maaßen-Affäre, welche die Presse und den Rundfunk ab dem 4. August mehrere Tage lang völlig beherrschte, medial praktisch nicht wahrgenommen wurde. Der Vertreter der ÖDP hat am 25. August 2015 Einsicht in die Prozessakten genommen (§ 20 BVerfGG und § 35 GOBVerfG). Den diesbezüglichen Antrag hatte er damit begründet, die ÖDP wolle prüfen, ob gegen den Beschluss ein Rechtsbehelf zum

Bundesverfassungsgericht oder eine Klage zum Europäischen Gerichtshof für Menschenrechte in Betracht kommt.

b) Ein befangener Richter in Schlüsselposition

Berichterstatter in dem Verfahren war ursprünglich der Richter Dr. Michael Gerhardt. Dieser hatte aber Mitte Juli 2014 überraschend »hingeschmissen« und, wie es heißt, aus persönlichen Gründen seine vorzeitige Versetzung in den Ruhestand beantragt. In seiner Abschiedsrede warnte Gerhardt vor zu großer Nähe des Gerichts zur Politik: Gerade ein Verfassungsgericht lebe »von der Distanz zu den potenziellen Verfahrensbeteiligten«.[23] Sein Ausscheiden und das beinahe gleichzeitige routinemäßige Ausscheiden der Richterin Prof. Dr. Gertrude LübbeWolff nach Ablauf ihrer 12-jährigen Amtsperiode bedeuteten, so urteilte ein Angehöriger der Karlsruher Pressekonferenz, »eine tiefe Zäsur« für den Zweiten Senat. Beiden Richtern sei »jedes politische Taktieren wesensfremd [gewesen] – sie [seien] das Gewissen des Senats« gewesen. Ihre Nachfolger müssten dagegen »erst Tritt fassen«.[24]

Nachfolger von Gerhardt als Berichterstatter wurde Peter Müller, den die Berliner Politik mit Wirkung vom Dezember 2011 in den Zweiten Senat gewählt hatte. Als langjähriger hochrangiger CDU-Parteipolitiker und Ministerpräsident des Saarlandes (1999–2011) sei er, wie ein Beobachter schrieb, »vollständig [...] politisch sozialisiert«.[25] Zudem war

Müller durch selbst vorgenommene verdeckte Staatsfinanzierung seiner Mutterpartei einschlägig betroffen: Der Verfassungsgerichtshof des Saarlandes hatte mehrere Regierungspropaganda-Aktionen, die im Landtagswahlkampf 2009 von der Regierung Müller vorgenommen worden waren, im Jahr 2010 als verdeckte Parteienfinanzierung erkannt und für verfassungswidrig erklärt.[26]

Die ÖDP hatte dennoch gezögert, Müller gemäß § 19 BVerfGG sogleich wegen Besorgnis der Befangenheit abzulehnen. Sie hatte erwartet, der Richter Müller würde sich selbst für befangen erklären (§ 19 Abs. 3 BVerfGG). Vor allem war sie davon ausgegangen, sie könne die Entscheidung über die Ablehnung gemäß § 19 Abs. 2 Satz 3 BVerfGG noch bis kurz vor Beginn der mündlichen Verhandlung hinausschieben.[27] Doch dann wurde sie durch den Beschluss des Gerichts überrascht, der ohne mündliche Verhandlung erfolgte, ohne dass ihr das vorher mitgeteilt worden war.

Der Einfluss des Berichterstatters auf den Verlauf und das Ergebnis des Verfahrens ist beträchtlich. Sein Einfluss ist besonders groß, wenn, wie hier, keine mündliche Verhandlung stattfindet, in der alle Richter – ungefiltert durch den Berichterstatter – direkt mit dem Vorbringen des Klägers konfrontiert werden, und wenn, wie hier, mangels öffentlicher Verhandlung, die grundsätzlich eine öffentliche ist(§ 17 BVerfGG in Verbindung mit§ 169 Satz 1 GVG), auch keine öffentliche Wahrnehmung und Kontrolle der ausgetauschten Argumente stattfinden. Bei Verwerfung der Klage wegen Unzulässigkeit kommt es ohnehin auf die Darlegungen des

Klägers zur Begründung der Klage gar nicht mehr an. Ihre Vernachlässigung drängt sich erst recht auf, wenn der Senat sich einig ist, aus welchen Gründen auch immer, in der Sache nicht entscheiden zu wollen (siehe unter VI).

c) 300 Seiten Schriftsätze

Auf die Antragsschrift der ÖDP vom Juni 2012 hatten der Bundestag, vertreten durch den Tübinger Staatsrechtslehrer Prof. Dr. Martin Nettesheim, mit Schriftsatz vom 26.4.2013 sowie für die CDU und die CSU der Stuttgarter Rechtsanwalt Prof. Dr. Christofer Lenz mit Schriftsatz vom 3.5.2013 geantwortet. Zu beiden hatte die ÖDP am 19.9.2013 Stellung genommen. Auf eine neuerliche Erwiderung des Bundestags vom 31.10.2013 antwortete die ÖDP mit Schriftsatz vom 12.12.2013. Weitere Schriftsätze der ÖDP folgten am 7.1.2015 und am 15.6.2015. Insgesamt wurden rund 300 Seiten gewechselt. Die Antragsschrift, die weiteren Schriftsätze der ÖDP und die ursprüngliche, fehlerhafte Fassung des Beschlusses können im Internet abgerufen werden.[28] Eine Aufforderung der ÖDP an die Vertreter des Bundestags und der CDU/CSU vom 11.11.2014, im Interesse der Transparenz ebenfalls einer Veröffentlichung ihrer Schriftsätze zuzustimmen, wurde nicht beantwortet.

d) Inhaltliche Kritik der ÖDP: vom Beschluss unberührt, ja eher bestätigt

Festzuhalten ist zunächst, dass das Gericht die Zulässigkeit der Klage verneint, also nicht über ihre inhaltliche Begründetheit entschieden hat. Damit ist der materielle Vortrag, mit dem die ÖDP die Verfassungswidrigkeit der Regelungen begründet hatte, unwiderlegt, ja das Bestreben des Gerichts, unbedingt ein Eingehen auf die Begründetheit zu vermeiden, das später im Text im Einzelnen dargelegt wird, scheint das materielle Vorbringen der ÖDP geradezu zu bestätigen: Nach Auffassung der ÖDP besteht ein missbräuchliches Gesamtsystem der unbegrenzten und unkontrollierten Bewilligung und Verwendung öffentlicher Mittel, mit dem sich die politische Klasse im Umfang von vielen Hundert Millionen Euro im Jahr »selbst bedient« – zulasten der Allgemeinheit und der außerparlamentarischen politischen Konkurrenten.

Er fragt sich ja auch, warum das Gericht für die allein auf Formalien gestützte Verwerfung mehr als drei Jahre benötigte.

2. Missbräuchliches Gesamtsystem?

a) Die Weigerung des Gerichts, die Verfassungswidrigkeit des gesetzlichen »Freibriefs« zu berücksichtigen

Das Bundesverfassungsgericht geht selbst davon aus, beim Vorliegen eines umfassenden missbräuchlichen Gesamtsystems der Bewilligung und Verwendung der Haushaltsmittel für die Mutterparteien der Fraktionen und Abgeordneten des Bundestags sowie der parteinahen Stiftungen wäre die Zulässigkeit der Klage der ÖDP gegeben (Rn. 68 und zum Beispiel hinsichtlich der Fraktionen: Rn. 80 ff.). Sonst würde es auch keinen Sinn ergeben, dass das Gericht sich ausführlich mit dieser Frage befasst hatte.

Das Gericht verneint aber das Bestehen eines solchen Systems, indem es den Gesamtzusammenhang der verschiedenen Teile zerreißt. So schneidet das Gericht der ÖDP den Hinweis auf die materielle und formelle Verfassungswidrigkeit der genannten Bestimmungen des Abgeordnetengesetzes ab: Die ÖDP habe gegen die Bestimmungen bereits nach ihrem Inkrafttreten im Jahre 1995 innerhalb der für Organklagen geltenden Sechsmonatsfrist (§ 64 Abs. 3 BVerfGG) gerichtlich vorgehen müssen. Jetzt könne sie die Verfassungswidrigkeit der Bestimmungen – unabhängig von der Intensität der Rechtsverletzung – nicht mehr vorbringen (Rn. 67, 70, 72–74 [Fraktionen]; 89 ff. [Abgeordnetenmitarbeiter]).

Das Gericht beschränkt sich deshalb auf Fragen der *Mittelverwendung*, soweit nicht auch hier eine verfassungswidrige Verwendung, zum Beispiel für Öffentlichkeitsarbeit der Fraktionen, gesetzlich erlaubt wird (Rn. 96 ff.). Außer Acht bleibt dabei, dass die Fraktionen und Abgeordneten sich die Mittel – unter Ausschluss der öffentlichen Kontrolle – in eigener Sache bewilligen, indem sie die Festsetzung der Höhe und der Verteilung in den Haushaltsplan abschieben. Außer Acht bleibt ferner, dass die entsprechenden gesetzlichen Ermächtigungen ihrerseits materiell verfassungswidrig sind, indem sie das Abschieben in den Haushaltsplan, die Öffentlichkeitsarbeit der Fraktionen und das Kupieren der Rechnungshofkontrolle erlauben und zudem formell verfassungswidrig sind, weil die Bestimmungen manipulativ zustande gekommen sind, da die wesentlichen Punkte, die ihre Verfassungswidrigkeit belegen, in den jeweiligen Gesetzgebungsverfahren gezielt ausgeblendet und der Öffentlichkeit vorenthalten wurden.

b) Unhaltbare Argumentation des Gerichts

Die Auffassung des Gerichts, ihm sei es verwehrt, die Verfassungswidrigkeit des im Abgeordnetengesetz niedergelegten selbst erteilten »Freibriefs« in seine Beurteilung einzubeziehen (Rn. 71–76 hinsichtlich der Fraktionen), erscheint unhaltbar.

Gewiss könnte die 1995 geregelte Finanzierung als solche im 2012 eingeleiteten Organstreit nicht mehr angegriffen werden. Insoweit wäre die Organklage in der Tat verfristet. Eine ganz andere Frage aber ist, ob auch der Bundesgesetzgeber (in Gestalt des Haushaltsgesetzgebers) an die von ihm selbst gesetzte Sachregelung von 1995 gebunden ist, wenn er auf ihrer Grundlage alljährlich im (durch Gesetz festgestellten) Haushaltsplan Finanzmittel für Fraktionen bewilligt. Eine solche Bindung des Gesetzgebers besteht in Wahrheit nicht.

Die vom Gericht angenommene Bindung des Bundestags an die gesetzlichen Bestimmungen betrifft allenfalls die Bundestags*verwaltung*, die die Mittel anweist.[29] Der Bundestag in seiner Eigenschaft als Gesetzgeber ist dagegen lediglich an das Grundgesetz gebunden. Er ist deshalb nicht daran gehindert, die Verfassungswidrigkeit der Bestimmungen in seine Beurteilung miteinzubeziehen, die Zahlungen entsprechend zu drosseln und von bestimmten Voraussetzungen abhängig zu machen. Schon gar nicht ist dem *Bundesverfassungsgericht* selbst bei Bewertung des gesamten Komplexes das Einbeziehen der materiellen und formellen Verfassungswidrigkeit der Bewilligungen verwehrt.

Eine solche differenzierende rechtliche Betrachtung hat die ÖDP am Beispiel der durch §§ 47 Abs. 3 und 50 Abs. 1 AbgG gestatteten Öffentlichkeitsarbeit der Fraktionen eingehend dargelegt,[30] ohne dass das Gericht darauf aber eingegangen wäre. Stattdessen hat das Gericht zur Begründung seiner Auffassung auf die angebliche »Bindung [des Bundestags] an Gesetz und Recht gemäß Art. 20 Abs. 3 GG« (Rn. 75) abgehoben. Um diese Form der Bindung geht es hier aber gar nicht. Denn an »Gesetz und Recht« gebunden ist, wie dargelegt, lediglich die vollziehende Gewalt, also allenfalls die Bundestagsverwaltung, nicht aber die Gesetzgebung. Schon gar nicht ist das Bundesverfassungsgericht, für das Gesetze nicht Maßstab, sondern Objekt seiner Verfassungsprüfung sind, bei Beurteilung des Gesamtkomplexes an die vorn Bundestag in eigener Sache beschlossenen Gesetze gebunden.

In Wahrheit hätte das Gericht sich bei der Prüfung, ob insgesamt ein Missbrauchssystem vorliegt, also nicht hinter dem Verstreichen der Sechsmonatsfrist seit 1995 verstecken (und auf diese Weise die inhaltliche und verfahrensmäßige Verfassungswidrigkeit der in eigener Sache beschlossenen Vorschriften ausklammern) dürfen. Die Gesetzesbestimmungen betreffend die Fraktionen sind selbst wesentliche Teile eines solchen manipulativen Systems.

Ein durch eine Organklage gegen einzelne Bestimmungen des Abgeordnetengesetzes in Gang gebrachtes Verfahren hätte auch einen anderen Gegenstand gehabt als den, um den es im vorliegenden Verfahren geht. In einem solchen Verfahren wäre es um die Feststellung der Verletzung der Rechte der ÖDP wegen Verfassungswidrigkeit lediglich der betreffenden Bestimmungen gegangen. Im vorliegenden Verfahren geht es dagegen um die 2012 erfolgte Bewilligung staatlicher Mittel für das ganze verfassungswidrige Missbrauchssystem. Der gesetzliche »Freibrief«, den der Bundestag sich mit den einschlägigen Bestimmungen des Abgeordnetengesetzes selbst ausgestellt hat, taugt also auch aus diesem Grunde nicht, die Verfassungswidrigkeit jener Bestimmungen bei der Prüfung, ob ein missbräuchliches Gesamtsystem vorliegt, unberücksichtigt zu lassen.

Hinsichtlich der Abgeordnetenmitarbeiter räumt das Gericht selbst ein, dass die Klage zulässig wäre, wenn die ÖDP »ein die missbräuchliche Verwendung der Mittel für Abgeordnetenmitarbeiter begünstigendes Kontrolldefizit« aufseiten des Bundestags hätte darlegen können (Rn. 104). Die Existenz eines solchen Kontrolldefizits sucht das Gericht mit mehreren Argumenten zurückzuweisen, welche die ÖDP aber widerlegt hat. Der Hinweis des Gerichts auf die angeblich mangelnde Darlegung übermäßiger Bewilligungen (Rn. 95) wird unten unter 3 widerlegt. Die angebliche Kontrolle durch den Bundestagspräsidenten (Rn. 103) wird sogleich auf S. 65 behandelt. Der Hinweis des Gerichts, »der Verzicht des Rechnungshofs auf die Prüfung der Mittel für die Mitarbeiter der Bundestagsabgeordneten« sei dem Bundestag nicht zuzurechnen und ohnehin wohl durch Art. 38 GG gerechtfertigt (Rn. 104, 117), wird auf S. 65 ff. widerlegt.

Hinsichtlich der parteinahen Stiftungen räumt das Gericht selbst ein, dass die Klage zulässig wäre, wenn die ÖDP die Überholtheit des Urteils von 1986 aufgezeichnet hätte (Rn. 105–108). Genau dies hat die ÖDP aber getan, wie auf S. 78 ff. dargelegt wird. Das Verwerfen der Anträge der ÖDP als unzulässig war also nicht gerechtfertigt.

c) Unzulässig verkürzte Beurteilung der Mittelverwendung

Hinsichtlich der Verwendungskontrolle unterstellt das Gericht ein unrealistisches, geschöntes Bild und ignoriert die eigene Rechtsprechung.

aa) Ausschluss der Erforderlichkeitsprüfung von Fraktionsausgaben durch den Bundesrechnungshof?

Bei dem Versuch, es zu rechtfertigen, dass der Bundesrechnungshof die Erforderlichkeit von Fraktionsausgaben nicht prüfen darf (Rn. 86), verwundert es zunächst, dass das Gericht darauf überhaupt eingeht. Denn das Verbot steht in § 53 Abs. 2 AbgG, und das Gericht unterstellt ja fälschlicherweise, die ÖDP dürfe mit der Kritik an den Vorschriften dieses Gesetzes nicht mehr gehört werden.

Jedenfalls unterschlägt das Gericht die von der ÖDP angeführte[31] Rechtsprechung, wonach der Bundesrechnungshof die Fraktionen genauso zu prüfen hat wie andere staatliche Stellen auch,[32] also auch hinsichtlich der Erforderlichkeit von Ausgaben.

Das Gericht verwechselt offenbar politische Entscheidungen des Gesetzgebers, die der Bundesrechnungshof in der Tat von sich aus grundsätzlich nicht überprüft,[33] mit sogenannten politischen Entscheidungen der Fraktionen, die der Bundesrechnungshof nach Art. 114 Abs. 2 GG durchaus zu prüfen hat, was ihm aber durch den Ausschluss der Erforderlichkeitsprüfung verwehrt werden soll. Das Gericht übernimmt damit die verfassungsrechtlich unzulässige Gleichsetzung, die der Bundestag durch Erlass des § 53 Abs. 2 AbgG bewusst vornehmen wollte.[34]

bb) Mangelnde Kontrolle der Anstellung und Verwendung von Abgeordnetenmitarbeitern

Hinsichtlich der Abgeordnetenmitarbeiter war schon bei ihrer Einführung im Gesetzgebungsverfahren die Gefahr einer Verwendung für Parteizwecke gesehen worden.[35] Dennoch leistet der Bundestag dem Einsatz der Abgeordnetenmitarbeiter für die Mutterpartei geradezu Vorschub, indem er ihre Verwendung auch im Wahlkreis[36] sowie die Anstellung von Parteifunktionären und Parteiangestellten auf Staatskosten gestattet.[37] Eine wirksame Verwendungskontrolle, die sicherstellt, dass Abgeordnetenmitarbeiter wirklich nur zur Unterstützung der Abgeordneten »bei der Erledigung [ihrer] parlamentarischen Arbeit« eingesetzt würden, und die Zahlung nur gegen Nachweis, dass dies tatsächlich geschieht (§ 12 Abs. 3 Satz 1 AbgG: »gegen Nachweis«), wären deshalb eigentlich von Verfassungs wegen unerlässlich. Auch darauf hatte die ÖDP hingewiesen.[38]

Stattdessen verweist das Gericht auf die Kontrolle durch den Bundestagspräsidenten, die aber nicht wirklich funktioniert (sogleich unter aaa). Zudem verweigert der Bundestag dem Bundesrechnungshof die Kontrolle der Abgeordnetenmitarbeiter (unter bbb).

aaa) Unzulängliche Kontrolle durch den Bundestagspräsidenten

Der Hinweis des Gerichts, eine zweckwidrige Verwendung der Mittel für Abgeordnetenmitarbeiter habe der Bundestagspräsident zu unterbinden (Rn. 103), ignoriert, was die Vorschrift tatsächlich wert ist, angesichts dessen, dass der Präsident als Vertreter der Parteien, Fraktionen und Abgeordneten des Bundestags nicht wirklich unabhängig, sondern selbst Partei ist:[39] Die vom Gericht angeführte Sendung des ARD-Fernsehmagazins *Report Mainz* vom 17. September 2013 (Rn. 101), also kurz vor der Bundestagswahl, die belegt, dass die persönlichen Mitarbeiter von Bundestagsabgeordneten aller Parteien flächendeckend im Wahlkampf zugunsten der Mutterparteien eingesetzt wurden, was eindeutig rechts- und verfassungswidrig ist,[40] wurde dem Bundestagspräsidenten angezeigt, ohne dass es zu Sanktionen kam.

bbb) Unzulängliche Kontrolle durch den Bundesrechnungshof

Statt für eine wirksame Verwendungskontrolle zu sorgen, verweigert der Bundestag dem Bundesrechnungshof die

Prüfung von Abgeordnetenmitarbeitern. Dabei handelt es sich mitnichten um den »Verzicht des Rechnungshofs auf eine Kontrolle der ordnungsgemäßen Verwendung der Mittel für Abgeordnetenmitarbeiter«, wie das Gericht schreibt (Rn. 104) – der Rechnungshof würde gerne prüfen[41] –, sondern um die Weigerung des Bundestags, dem Rechnungshof Zutritt zu gewähren: Der Bundestag lehnt es ab, dem Bundesrechnungshof die Verträge mit den Mitarbeitern vorzulegen,[42] aus denen sich ergeben kann, ob und inwieweit Funktionäre und Angestellte der Parteien während ihrer Parteitätigkeit unzulässigerweise als Abgeordnetenmitarbeiter staatlich bezahlt werden und insoweit eine verdeckte Staatsfinanzierung von Parteien vorliegt.

Durch das Aussperren des Rechnungshofs entfällt auch die Prüfung, ob Abgeordnetenmitarbeiter, zum Beispiel im Wahlkampf, unzulässig für Parteizwecke eingesetzt werden und auch auf diese Weise verdeckte Parteienfinanzierung erfolgt. Auch das hatte die ÖDP vorgetragen.[43] Das Gericht hat die Formulierung »Verzicht« des Rechnungshofs offenbar bewusst gewählt, um die mangelnde Prüfung nicht dem Bundestag zurechnen zu müssen. Das passt auch dazu, dass das Gericht gegen die Rüge der Prüfungsverweigerung durch die ÖDP einwendet, die Verweigerung liege »mehr als 20 Jahre zurück« (Rn. 117), sei also nicht mehr relevant.

Dabei übergeht das Gericht mit Stillschweigen, dass ihm die ÖDP eine aktuelle Mitteilung des Bundesrechnungshofs vorgelegt hatte, aus der sich ergibt, dass der Bundestag dem

Rechnungshof auch jetzt immer noch die Vorlage der Verträge mit Abgeordnetenmitarbeitern verwehrt.[44]

Im Übrigen weist das Gericht darauf hin, »die durch Art. 38 Abs. 1 Satz 2 GG verfassungsrechtlich gewährleistete freie und unabhängige Wahrnehmung des Abgeordnetenmandats« könnte es dem Bundestag möglicherweise erlauben, dem Rechnungshof die Vorlage der Verträge mit persönlichen Mitarbeitern der Abgeordneten zu verweigern (Rn. 104).

Doch genießen auch Hochschulen, Rundfunkanstalten und Gemeinden verfassungsrechtlich garantierte Freiheits- und Autonomiegarantien und verwenden ihre Mittel in eigener Verantwortung, unterliegen aber dennoch der Prüfung durch die Rechnungshöfe. Dies muss auch für die Prüfung der Abgeordnetenmitarbeiter gelten. Auch auf dieses Argument der ÖDP[45] geht das Gericht nicht ein.

Das Gericht lässt die Frage letztlich zwar offen, weil es meint, »angesichts des unabhängig hiervon bestehenden Kontroll- und Sanktionssystems« habe die ÖDP »eine Verletzung ihres Rechts auf Chancengleichheit [...] nicht hinreichend dargelegt« (Rn. 104). Doch das trifft, wie ausführlich dargelegt, eben nicht zu.

Erst recht lässt sich nicht in Abrede stellen, dass der Bundestag die Kontrollen und Sanktionen gezielt beseitigt hat, wenn man richtigerweise auch die verfassungswidrige Bewilligung der Mittel im Haushaltsplan 2012 und die materiell und formell verfassungswidrige Gestaltung der Bestimmungen des Abgeordnetengesetzes Mitte der Neunzigerjahre einbezieht, welche das Gericht beide mit unhaltbarer Begründung unberücksichtigt ließ (siehe S. 58–62).

cc) Weitere Schwächung des Bundesrechnungshof

Zusätzlich schwächt der Bundestag auch noch die Kontrolle durch den Bundesrechnungshof, indem er es ihm ermöglicht, mit den Ergebnissen seiner Prüfung hinterm Berg zu halten.

Statt dafür zu sorgen, dass der Bundesrechnungshof Beanstandungen bei der Prüfung von Fraktionen in seine veröffentlichten Jahresberichte aufnimmt, wie Art. 114 Abs. 2 GG dies verlangt,[46] leistet der Bundestag der Geheimniskrämerei des Bundesrechnungshofs auch noch Vorschub, indem er die Nichtveröffentlichung der Ergebnisse der Prüfungen der Fraktionen durch den Bundesrechnungshof unterstützt. So hat er unlängst in einer Nacht-und-Nebel-Aktion einen § 96 Abs. 4 in die Bundeshaushaltsordnung eingefügt, der eine Einschränkung des Informationsfreiheitsgesetzes vorsieht. Er stellt den Zugang von Dritten zu Prüfungsergebnissen ins Ermessen des Bundesrechnungshofs und untersagt ihm, vor der abschließenden Feststellung beziehungsweise Beratung im Parlament Auskünfte an Dritte, das heißt vor allem an die Presse, zu erteilen.[47] Dabei stellt doch die Herstellung von Öffentlichkeit eine wesentliche Wirkungsmöglichkeit der Rechnungshöfe dar.[48]

Wenn das Gericht die ÖDP darauf verweist, sie hätte innerhalb der Sechsmonatsfrist gegen das entsprechende Gesetz, das den Rechnungshof vor Informationsansprüchen schützt, vorgehen müssen, um ihre »faktischen Kontrollmöglichkeiten zu verteidigen« (Rn. 88), erscheint dieses Abschieben der Verantwortung des Bundestags für die gezielte Nichtvornahme der verfassungsrechtlich gebotenen Verwendungskontrollen auf die ÖDP geradezu als zynisch. Hätte ausgerechnet die ÖDP, also eine kleine Partei mit beschränkten Mitteln, angesichts der Unklarheit über die Auswirkungen klagen sollen? Dasselbe gilt für den Hinweis des Gerichts, die ÖDP hätte eine unzulässige Verwendung der Fraktionsmittel »dem Bundesrechnungshof oder dem Präsidenten des Bundestags anzuzeigen« (Rn. 88). Denn der Bundesrechnungshof verzichtet von sich aus auf sein wichtigstes »Schwert«, das Öffentlich-Machen von Missständen, und der Bundestagspräsident ist befangen, sodass er in solchen Fällen kaum tätig werden wird, zumal die ÖDP hier vornehmlich Aktivitäten als verfassungswidrig kritisiert, die das Abgeordnetengesetz (wenn auch in verfassungswidriger Weise) zulässt.

Um die Wirksamkeit der Prüfung durch den Bundesrechnungshof zu belegen, beruft das Gericht sich auf die von ihm beigezogenen (Rn. 53) Berichte des Bundesrechnungshofs über die Prüfung der Fraktionen in den Jahren 1999–2006 (Rn. 83 und 87). Dabei hat der Rechnungshof die Prüfungsergebnisse aber unter der Decke gehalten und sich so seines »Schwertes«, der Publizierung, beraubt, mit dem Prüfungen erst wirksam werden. Die Geheimniskrämerei wurde auch vom Gericht fortgesetzt, indem es die ÖDP nicht über die beigezogenen Akten informierte und ihr so die Möglichkeit nahm, dazu Stellung zu nehmen.

Im Übrigen ging es der ÖDP gar nicht primär um Maßnahmen, die erst auf der Basis der selbst geschaffenen Regelungen rechtswidrig sein könnten, sondern darum, dass diese Regelungen selbst verfassungswidrig sind und deshalb zum Beispiel die staatliche Finanzierung von Öffentlichkeitsarbeit der Fraktionen ihrerseits exzessiv ist.

3. Unmögliches nicht getan zu haben darf das Gericht der ÖDP nicht vorhalten

a) Das Fehlen objektiver Maßstäbe für den Bedarf

Zur Begründung der Zulässigkeit der Klage verlangt das Gericht hinsichtlich der Fraktionsfinanzierung, die ÖDP hätte »eine Gegenüberstellung des für die Erfüllung der Fraktionsaufgaben benötigten Finanzbedarfs mit der Höhe der tatsächlich festgesetzten Fraktionszuschüsse« vorlegen müssen (Rn. 77–79). Entsprechendes verlangt das Gericht hinsichtlich der Abgeordnetenmitarbeiter (Rn. 95 ff.) und der Globalzuschüsse der parteinahen Stiftungen (Rn. 107).

Doch damit wird von der ÖDP Unmögliches verlangt. Darauf hatte die ÖDP auch hingewiesen,[49] ohne dass das Gericht darauf einging. Die Höhe des gerechtfertigten Bedarfs der Fraktionen und der Stiftungen an Geld oder der Abgeordneten an Mitarbeitern lässt sich objektiv gar nicht feststellen, schon gar nicht von einer außerparlamentarischen Partei. Angesichts der Unmöglichkeit, den Bedarf richtig zu bestimmen und durch Vergleich mit den bewilligten Mitteln den ungerechtfertigten Teil zu ermitteln, wäre hier zum einen auf verfassungswidrige Ausgaben der Fraktionen, wie etwa für Öffentlichkeitsarbeit, abzustellen gewesen; diese können – wegen ihrer Verfassungswidrigkeit – ja von vornherein keinen gerechtfertigten Bedarf darstellen. Diesen Ansatz hat das Gericht der ÖDP aber abgeschnitten, indem es einen Rückgriff auf den selbst ausgestellten »Freibrief« für Öffentlichkeitsarbeit in § 47 Abs. 3 AbgG für verfristet erklärte (Rn. 74), fälschlicherweise, wie dargelegt (siehe S. 58–62). Zum anderen ist auf Indizien (dazu sogleich unter b) und auf das Gesetzgebungsverfahren (unter c) abzustellen.

b) Indizien als Hilfskriterien?

Wenn es unmöglich ist, den Bedarf und, durch Vergleich mit der Bewilligung, den überzogenen Teil zu ermitteln, bestünde eine Möglichkeit darin, auf Hilfskriterien zurückzugreifen, die zumindest indizieren, dass die bewilligten Mittel den Bedarf übersteigen. Die Existenz der im Folgenden genannten Indizien legt – vor allem angesichts ihrer Häufung – den Gedanken nahe, dem Bundestag die Last aufzuerlegen, sie nachvollziehbar zu entkräften – ähnlich wie beim Anscheinsbeweis. Doch das Gericht hat diesen aus dem Vorbringen der ÖDP folgenden Gedanken nicht behandelt.

So stellt die in eigener Sache vorgenommene reale Verachtfachung der staatlichen Zahlungen an die Bundestagsfraktionen in den Jahren, seitdem die offene Parteienfinanzierung vom Gericht begrenzt und der öffentlichen Kontrolle unterworfen worden war, zumindest ein Indiz dafür dar, dass der berechtigte Bedarf schwerlich im selben Umfang gewachsen sein wird. Das Gericht meint, dies besage nichts Zwingendes über den Bedarf (Rn. 78). Das trifft natürlich zu, belegt aber gerade, dass der Bedarf eben nicht feststellbar ist, sodass Indizien eigentlich reichen müssen, und die Verachtfachung stellt ein solches Indiz dar.

Das Gleiche gilt hinsichtlich der gewaltigen Steigerung von durchschnittlich 1,3 Mitarbeitern pro Abgeordneten (1970) auf 7 (2013). Auch sie stellt ein starkes Indiz für eine überhöhte Bewilligung dar, ohne dass das Gericht dies aber gelten ließe (Rn. 95). Es ist natürlich richtig, dass aus dem gewaltigen Anstieg nichts Eindeutiges zu entnehmen ist. Ein Indiz, dass die bewilligten Mittel für Mitarbeiter überhöht sind, liegt darin aber durchaus.

Auch die Verwendung der Abgeordnetenmitarbeiter für den Bundestagswahlkampf der Mutterparteien im Jahre 2013 besage, so das Gericht, nichts über ihre Verwendung für die Parteien im Jahre 2012, was Gegenstand der vorliegenden Klage ist (Rn. 95). Auch das ist insofern richtig, als es keinen zwingenden Beleg darstellt. Der ungehemmte

Einsatz der Mitarbeiter im Bundestagswahlkampf 2013 ist aber ein starkes Indiz dafür, dass Mitarbeiter auch in den Landtagswahlkämpfen des Jahres 2012 in Bayern, Hessen und Niedersachsen und auch sonst ziemlich ungehemmt für Parteizwecke eingesetzt worden sind, und mehr vorzutragen war der ÖDP – angesichts der objektiven Unmöglichkeit, den richtigen Bedarf festzustellen – gar nicht möglich und darf deshalb richtigerweise von ihr auch nicht verlangt werden.

Ebenso besagt der Umstand, dass die Globalzuschüsse für die parteinahen Stiftungen bis 1992 unerhört stark angestiegen waren, zwar nichts Zwingendes über die Höhe des gerechtfertigten Bedarfs. Auch das ist richtig. Aber auch hier ist die starke Steigerung ein Indiz für die Überhöhung. Die damalige Überhöhung wird im Übrigen auch dadurch bestätigt, dass die Globalzuschüsse ab 1992 viele Jahre lang nicht mehr gesteigert, sondern real sogar gesenkt wurden, obwohl noch eine weitere Stiftung hinzugekommen ist.

Hierher gehört auch die von der ÖDP vorgetragene[50] Feststellung von Experten, dass Abgeordnetenmitarbeiter inzwischen das Rückgrat der regionalen und lokalen Parteiorganisation darstellten.[51] Damit ist – anders, als das Gericht meint (Rn. 99) – keineswegs nur die Beschäftigung von Parteiangestellten oder Parteifunktionären in deren Freizeit gemeint, sondern eben auch die Verwendung von staatlich bezahlten Abgeordnetenmitarbeitern für Parteiaufgaben und die Scheinanstellung von Parteileuten als Abgeordnetenmitarbeiter. Solchem Missbrauch öffentlicher Mittel wird durch das Fehlen von Kontrollen – bei gleichzeitiger, alles andere dominierender Motivation, im politischen Wettkampf Macht und Status zu gewinnen und zu erhalten – Vorschub geleistet.

Immerhin stellt das Gericht nicht von vornherein in Abrede, »bei einer zwischen Abgeordneten und Partei geteilten Finanzierung [seien] Manipulationen leichter möglich, und [diese Feststellung der ÖDP könne durchaus] die Darlegung einer missbräuchlichen Verwendung der vom Antragsgegner bereitgestellten Mittel für Abgeordnetenmitarbeiter ersetzen« (Rn. 98). Das Gericht geht jedoch nicht darauf ein, dass die ÖDP eine größere Anzahl solcher Fälle ausdrücklich aufgeführt hat.[52]

Ebenso gehört hierher auch die von der ÖDP vorgetragene[53] und vom Gericht übergangene Aussage von Insidern, dass die Parteien zu »Fraktionsparteien« geworden sind.[54]

Alles das belegt nachdrücklich, dass es objektive Maßstäbe für die Bemessung des Bedarfs der Fraktionen und parteinahen Stiftungen sowie des Bedarfs der Abgeordneten an persönlichen Mitarbeitern nicht gibt, sondern dieser Bedarf von den in eigener Sache entscheidenden Fraktionen und Abgeordneten des Bundestags im Wege der Bewilligung selbst festgesetzt wird. Das hatte den Bundestagsabgeordneten Werner Schulz (Bündnis 90/Die Grünen) zu der ironisch-sarkastischen Bemerkung veranlasst, ohne wirksame Kontrollen und Grenzen tendiere »der Geldbedarf der Fraktionen und Parteien in Richtung unendlich«.[55]

Oder sollte der Bedarf an Fraktionszuschüssen etwa in Bayern doppelt so hoch sein wie in Niedersachsen, in Thüringen doppelt so hoch wie in Rheinland-Pfalz und in Bremen höher als in Hamburg? Und sollte der Bedarf an Abgeordnetenmitarbeitern in Brandenburg vier Mal so hoch sein wie in Schleswig-Holstein?[56]

In Wahrheit demonstrieren diese Vergleiche in aller Klarheit, dass der sehr viel höhere Anstieg der Bewilligungen für Fraktionen in Bayern, Thüringen und Bremen und die sehr viel höhere Bewilligung an Abgeordnetenmitarbeitern in Brandenburg als in Schleswig-Holstein auf dem Verfahren der Willensbildung beruhen. In den *einen* Ländern wurden Erhöhungen dadurch gebremst, dass sie durch Änderung des jeweiligen Fraktions- beziehungsweise Abgeordnetengesetzes und damit unter öffentlicher Kontrolle erfolgen, während Erhöhungen in den *anderen* Ländern dadurch beflügelt wurden, dass sie, obwohl in eigener Sache beschlossen, durch Änderung lediglich eines Titels im Haushaltsplan vorgenommen und auf diese Weise der öffentlichen Kontrolle entzogen wurden.

c) Korrektes Verfahren: vom Gericht übergangen

Das weist bereits auf die Bedeutung des Willensbildungsverfahrens hin. In der Tat ist bei fehlenden Maßstäben für die Höhe von Bedarfen vor allem auf die Korrektheit des Verfahrens abzustellen, mittels dessen die Mittel bewilligt und ihre Verwendung überprüft werden. Auch diesen Kerngedanken des Vortrags der ÖDP, auf den sie in ihrer Antragsschrift abgehoben[57] und den sie – auch unter Hinweis auf das Hartz-IV-Urteil des Bundesverfassungsgerichts – in weiteren Schriftsätzen vertieft hatte,[58] hat das Gericht schlicht übergangen.

d) Das Hartz IV-Urteil: vom Gericht ignoriert

Die ÖDP hat zur Begründung ihrer Anträge auch das Hartz-IV-Urteil des Bundesverfassungsgerichts herangezogen,[59] ohne dass das Gericht darauf aber eingegangen wäre. Das Bundesverfassungsgericht weist in diesem Urteil ausdrücklich darauf hin, dass die Gerichtskontrolle sich »auch [...] auf das Verfahren« erstrecken müsse, wenn ein Grundrecht wie das »Grundrecht auf Gewährleistung eines menschenwürdigen Existenzminimums keine quantifizierbaren Vorgaben« liefere.[60] Dabei habe der Gesetzgeber »die soziale Wirklichkeit zeit- und realitätsgerecht« zu erfassen.[61] Er dürfe den Bedarf nicht »ins Blaue hinein« schätzen[62] und ihn nicht »freihändig« und »ohne irgendeine empirische und methodische Fundierung« festlegen.[63] »Zur Ermöglichung [der] verfassungsgerichtlichen Kontrolle« habe der Gesetzgeber die »im Gesetzgebungsverfahren eingesetzten Methoden und Berechnungsschritte nachvollziehbar offenzulegen«. Komme er dieser Obliegenheit »nicht hinreichend nach«, sei die Regelung »bereits deshalb verfassungswidrig«.[64] Man mag darüber streiten, wie die Begründung im Einzelnen zu erfolgen hat. Klar aber ist, dass überhaupt eine halbwegs plausible öffentliche Begründung erfolgen muss. Das aber ist hinsichtlich der Höhe der Bewilligungen für Fraktionen, parteinahe Stiftungen und Abgeordnetenmitarbeiter im Jahre 2012, wie die ÖDP dargelegt hatte,[65] definitiv nicht der Fall. Es fehlt jede nachvollziehbare Begründung für die Festsetzung der Mittel in der jeweils bewilligten Höhe.[66] Auch darauf geht das Gericht nicht ein.

Die ÖDP hatte auch dargelegt, dass die politische Chancengleichheit und die durch sie verbürgte Integrität des politischen Prozesses in der freiheitlich-demokratischen Grundordnung[67] und im Demokratieprinzip[68] (Art. 20 Abs. 1, 79 Abs. 3 GG) wurzeln und von fundamentalem verfassungsrechtlichen Gewicht sind. Auf die normative Gewichtigkeit hebt auch die Rechtsprechung zum Recht auf das Existenzminimum ab, indem sie seine Verankerung in Art. 1 GG (Menschenwürde) und Art. 20 Abs. 1 GG (Sozialstaatsprinzip) in Verbindung mit Art. 79 Abs. 3 GG betont.

Die Grundsätze des Hartz-IV-Urteils müssen, wie die ÖDP ebenfalls dargelegt hat,[69] im vorliegenden Fall erst recht gelten, weil das Parlament hier in eigener Sache entschieden hat und immer weiter entscheidet und dadurch die Chancengleichheit der ÖDP als außerparlamentarischer Partei besonders nachhaltig gefährdet. Zudem ist die Unsicherheit hinsichtlich der Höhe des angemessenen Bedarfs bei Fraktionen, Abgeordnetenmitarbeitern und politischen Stiftungen noch sehr viel größer als beim angemessenen Existenzminimum.[70]

4. Parteinahe Stiftungen

a) Die Basis des Beschlusses: ein Urteil von 1986

Hinsichtlich der parteinahen Stiftungen kann die vom Gericht angenommene Sperrwirkung des gesetzlichen »Freibriefs« wegen angeblicher Verfristung (die das Gericht bei Fraktionen und Abgeordnetenmitarbeitern vorschützt, siehe S. 58–62) ohnehin nicht greifen, weil es für die Stiftungen keinerlei Gesetz gibt. Das Gericht geht selbst davon aus, dass die den Stiftungen gewährten Globalzuschüsse durchaus eine Verletzung der Chancengleichheit darstellen könnten. Dieser Annahme stehe aber ein Urteil des Bundesverfassungsgerichts von 1986[71] entgegen; dieses habe die Zahlung von Globalzuschüssen an die Stiftungen durch den Bundestag für verfassungsgemäß erklärt (Rn. 66, 106 ff., 118). Das müsse die ÖDP gegen sich gelten lassen (Rn. 108).[72]
Die Berufung auf das Urteil von 1986 ist umso fataler, als das Gericht die Grundsätze, auf denen das Urteil beruht, auch sonst vielfach zur Stützung seines Beschlusses heranzieht (zum Beispiel Rn. 66, 68, 118).

b) Angeblich: mangelnder Vortrag der ÖDP

Die ÖDP halte das Urteil zwar für überholt. Aus ihrem Vorbringen erschließe sich aber nicht, so heißt es im Beschluss, »warum nunmehr eine hiervon [das heißt vom Urteil von

1986] abweichende Beurteilung geboten sein soll« (Rn. 107). Die Einwände der ÖDP seien »nicht nachvollziehbar«. Sie ignoriere, »dass es sich bei den politischen Stiftungen um rechtlich und tatsächlich unabhängige Institutionen handelt, die auch in der Praxis die gebotene Distanz zu den jeweiligen Parteien wahren. Dass insoweit eine abweichende Beurteilung geboten sein könnte, ergibt sich weder aus der angesprochenen Rechtsprechung des Bundesverfassungsgerichts, noch ist es in sonstiger Weise ersichtlich«. (Rn. 108).

c) Rechtliche Überholtheit des Urteils von 1986: umfassender Nachweis durch die ÖDP

In Wahrheit hatte die ÖDP die Überholtheit des Urteils von 1986 wegen geänderter tatsächlicher und rechtlicher Verhältnisse, insbesondere wegen verschärfter Beurteilungsmaßstäbe, in ihrer Antragsschrift dargelegt[73] und in weiteren Schriftsätzen vertieft.[74] Die ÖDP hatte dargelegt, dass dem Stiftungsurteil von 1986 noch der einfache Gleichheitssatz zugrunde gelegen hatte,[75] und hatte aufgezeigt, dass und warum auch bei Entscheidungen des Bundestags über die Stiftungsfinanzierung eine Entscheidung »gewissermaßen in eigener Sache«[76] vorliegt und deshalb hier nunmehr der strenge Gleichheitssatz anzuwenden ist.[77] Auf die umfassende Argumentation der ÖDP ist das Gericht aber nicht eingegangen.

Ebenso wie die verschärfte Kontrolle wegen strengerer verfassungsrechtlicher Beurteilungsmaßstäbe dazu geführt hat, dass das Gericht die Sperrklausel bei deutschen Europawahlen, die es 1979 noch verfassungsrechtlich akzeptiert hatte,[78] in den Entscheidungen von 2011 (Fünf-Prozent-Klausel)[79] und 2014 (Drei-Prozent-Klausel)[80] für verfassungswidrig erklärte, und ebenso wie das Gericht die Regelungen zur Steuervergünstigung von Spenden an Parteien, die es in seiner Entscheidung vom 14. Juli 1986 noch abgesegnet hatte,[81] 1992 wegen der Anwendung verschärfter Beurteilungsgrundsätze und in ausdrücklicher Überwindung des Urteils von 1986 für verfassungswidrig erklärt hat,[82] so muss auch das ebenfalls am 14. Juli 1986 gefällte Urteil zur Stiftungsfinanzierung, das eine verdeckte Parteienfinanzierung durch die Globalzuschüsse verneinte, jetzt wegen verschärfter verfassungsrechtlicher Beurteilungsmaßstäbe verworfen werden.

Die ÖDP hatte schließlich aufgezeigt, dass das Urteil von 1986 deshalb überholt ist, weil jetzt auch aus einem weiteren Grund eine neue rechtliche Situation vorliegt: Damals war die Staatsfinanzierung ausschließlich zur Erstattung von Wahlkampfkosten bestimmt.[83] Eine (wenn auch nur teilweise) Staatsfinanzierung der Parteien für ihre gesamte politische Tätigkeit war unzulässig.[84] Es war den Parteien deshalb verfassungsrechtlich verboten, mit Staatsgeldern Bildungsaufgaben zu finanzieren.[85] Inzwischen hat sich die Rechtsprechung aber gewandelt. Nach dem Urteil des Bundesverfassungsgerichts von 1992 ist es den Parteien nun erlaubt, Staatsgelder auch für die politische Bildung zu verwenden.[86]

Das hat erhebliche Auswirkungen auf die verfassungsrechtliche Beurteilung der Globalzuschüsse für die politische Bildung. 1986 hätte die Annahme verdeckter Parteienfinanzierung, die ja der gesamten Tätigkeit der betroffenen Parteien zugutekommt, die Beseitigung der Globalzuschüsse bedeutet, auf die auch der Antrag der im Verfahren von 1986 klagenden Grünen gerichtet war. Die Annahme verdeckter Parteienfinanzierung hätte damals also zur Beseitigung der Globalzuschüsse und damit zum Aus für die gesamte Stiftungsfinanzierung geführt. Dagegen ging es im vorliegenden Verfahren lediglich um die Durchsetzung gewisser begrenzender und kontrollierender Vorkehrungen für die Globalzuschüsse. Auch darauf hatte die ÖDP ausführlich hingewiesen.[87]

Im Übrigen hatte praktisch das gesamte Fachschrifttum das Urteil von 1986 mit guten Gründen als unrichtig kritisiert.[88] Auch darauf hatte die ÖDP hingewiesen.[89]

Das Gericht hat die umfassenden Darlegungen der ÖDP offenbar gar nicht zur Kenntnis genommen. Sonst hätte es nicht behaupten können, die ÖDP habe nichts Relevantes zur verfassungsrechtlichen Überholtheit des Urteils von 1986 vorgetragen. Bei Berücksichtigung des Vortrags der ÖDP wäre aber wohl eine mündliche Verhandlung nicht zu vermeiden und eine Verwerfung der Anträge der ÖDP wegen Unzulässigkeit nicht mehr möglich gewesen, sodass die Unrichtigkeit der Ausführungen des Gerichts offenbar und ein Eingehen auf die Sache unumgänglich geworden wären. Das wollte das Gericht anscheinend vermeiden (siehe unten VI).

d) Zulässigkeit des Antrags der ÖDP

Legt man richtigerweise die Überholtheit des Stiftungsurteils von 1986 zugrunde, welche die ÖDP – im Gegensatz zur insofern unrichtigen Darstellung im Beschluss – ausführlich dargelegt hatte, ist eine Anfechtung der Bewilligung der Stiftungsmittel im Bundeshaushalt zulässig. Sie ist auch keineswegs deswegen verfristet, weil die ÖDP auch frühere Bewilligungen schon hätte anfechten können. Das zeigt das Beispiel der 1980 gegründeten Grünen. Auch die von ihnen vorgenommene Anfechtung der 1983 gezahlten Globalzuschüsse an die parteinahen Stiftungen, die zu dem Urteil von 1986 geführt hat, war nicht deshalb unzulässig, weil die Grünen auch frühere Bewilligungen schon hätten anfechten können.[90]

5. Entscheidung des Bundestags in eigener Sache zum Erhalt von Geld, Status und Macht

Das Gericht will die rechtliche Bedeutung des Umstandes, dass der Bundestag in eigener Sache entscheidet, auf die Frage einer »Umkehr der Darlegungslast« reduzieren, die es aber ablehnt (Rn. 82 und 98). Im Übrigen wird das Problem der »Entscheidung in eigener Sache« systematisch ausgeblendet, obwohl das Streben der politischen Klasse nach Geld, Status und Macht, dessen Durchsetzung Entscheidungen des Parlaments in eigener Sache Vorschub leisten, das übergreifende Gemeinsame aller einschlägigen Einzelregelungen und Aktionen des Bundestags ist und diese erst zu einem umfassenden System zusammenschmiedet.[91] Ob bei der Bewilligung der staatlichen Mittel[92] und ihrer Verwendung auch für Parteizwecke,[93] bei der Beseitigung oder Schwächung der gerade bei Entscheidungen in eigener Sache eigentlich unerlässlichen Kontrollen[94] oder bei der Absegnung dieser Verfahren durch materiell und formell verfassungswidrige Gesetze:[95] Überall handelte der Bundestag in eigener Sache, und überall lag das Motiv zugrunde, sich im Interesse des Erhalts von Geld, Status und Macht möglichst unbehelligt »selbst bedienen« zu können.[96] Das übereinstimmende Kennzeichen solcher Entscheidungen des Parlaments in eigener Sache besteht darin, dass sie das Parlament unmittelbar oder mittelbar begünstigen. Typischerweise erfolgen solche Entscheidungen dadurch, dass die Fraktionen und Abgeordneten politische Kartelle bilden, um die Kontrollen möglichst auszuhebeln:

- die parlamentarische Opposition wird »gleichgeschaltet«,
- die Kontrolle durch die Öffentlichkeit, deren Wirksamkeit eine funktionierende Opposition verlangt, wird zumindest geschwächt,

- die Kontrolle durch die Wähler, die insofern keine Wahl mehr haben, wird beseitigt und
- die Kontrolle durch die eigenen Parteimitglieder, die ein Bekanntwerden der »Selbstbedienung« voraussetzt, fällt ebenfalls aus.

Dabei bedürfen Entscheidungen, die das Parlament in eigener Sache (wie die Bewilligung von Fraktionsmitteln oder von Abgeordnetenmitarbeitern) oder »gewissermaßen« in eigener Sache trifft (wie die Bewilligung von Mitteln für parteinahe Stiftungen oder das Ausschalten von Verwendungskontrollen), von Verfassungs wegen besonderer Kontrollen: durch die Öffentlichkeit, die bei Entscheidungen des Parlaments in eigener Sache »die einzige wirksame Kontrolle« darstellt,[97] und durch die Verfassungsgerichte selbst.[98] Wenn das Parlament die öffentliche Kontrolle gezielt ausschaltet, ist erst recht eine besonders strikte Gerichtskontrolle geboten.

Das Gericht hebt bei der Prüfung, ob eine strikte Kontrolle erforderlich ist, dagegen nur auf den formalisierten Gleichheitssatz ab und geht davon aus, eine strikte Kontrolle sei lediglich geboten, wenn die Zahlungen *unmittelbar* an die Parteien geleistet würden, nicht aber, wenn die Vergabe an Dritte wie Fraktionen, Stiftungen und Abgeordnetenmitarbeiter erfolgt (Rn. 65 f.), Dabei verkennt das Gericht bereits, dass die Abgeordneten und die Fraktionen sich ihre Mittel unmittelbar selbst bewilligen. Und auf die Notwendigkeit strenger Kontrolle wegen einer Entscheidung der

Parlamentsmehrheit gewissermaßen in eigener Sache geht das Gericht erst recht nicht ein.

Diese Argumentation erinnert an Verfassungsrichter mit abweichender Meinung, die den Gedanken der Entscheidung in eigener Sache nicht oder nur dann heranziehen wollen, wenn das Parlament direkt betroffen ist, nicht aber, wenn es um seine mittelbare Betroffenheit geht.[99] In den Urteilen zu den Sperrklauseln bei Kommunalwahlen und bei Europawahlen hat das Gericht aber auch die mittelbare Betroffenheit von Parteien in den Begriff der Entscheidung der Parlamentsmehrheit in eigener Sache einbezogen und ausdrücklich eine strenge Gerichtskontrolle vorgenommen. Die Mittelbarkeit hat es dadurch zum Ausdruck gebracht, dass es davon sprach, die Parlamentsmehrheit entscheide hier gewissermaßen in eigener Sache.[100] Das Gericht geht nun davon ab, ohne dies offenzulegen und ohne sich mit dem auf der bisherigen Rechtsprechung fußenden Vortrag der ÖDP auseinanderzusetzen.

Indem das Gericht die Problematik von Entscheidungen in eigener Sache ausblendet und sich damit der Auseinandersetzung mit dem diesbezüglichen Vorbringen der ÖDP entzieht, einer Argumentation, die im Mittelpunkt der ÖDP-Klage stand, ermöglicht es sich, den inneren Zusammenhang, der das System erst begründet, zu kappen und nur die Einzelteile jeweils gesondert zu behandeln – und dies auch noch in anfechtbarer Weise –, das übergreifende Bestreben, sich unbehelligt »selbst zu bedienen«, aber auszublenden.[101]

Vor allem geht das Gericht nicht auf die Frage ein, ob Entscheidungen des Parlaments in eigener Sache nicht eine verschärfte Kontrolle durch die Öffentlichkeit[102] und durch das Gericht selbst[103] erfordern und ob die Gerichtskontrolle nicht erst recht intensiv ausfallen muss, wenn das Parlament die Öffentlichkeit gezielt ausgeschaltet hat. Wäre das Gericht darauf eingegangen, hätte es die Notwendigkeit einer verschärften Gerichtskontrolle nicht mehr in Abrede stellen können, die es aber gerade nicht vornimmt.

Bei Entscheidungen des Parlaments in eigener Sache, bei denen die Entscheidenden befangen sind, geht es um das Verfahren der Gesetzgebung. Von der Relevanz von Mängeln des Gesetzgebungsverfahrens, die das ganze Vorbringen der ÖDP durchzieht, will das Gericht aber, wie oben S. 75–77 dargelegt, nichts wissen. Sonst hätte die Zulässigkeit der Klage nicht mehr infrage gestellt werden können.

Dadurch, dass das Gericht der ÖDP den Rückgriff auf die Verfassungswidrigkeit der Gestattungen des Abgeordnetengesetzes unzulässigerweise abschneidet, dem Bundestag insoweit also einen »Freibrief« ausstellt, ohne auf das entgegenstehende Vorbringen der ÖDP einzugehen (siehe S. 58–62), wird der ÖDP der Hinweis darauf sozusagen aus der Hand geschlagen, dass umfassende Öffentlichkeitsarbeit der Fraktionen, die ja zwangsläufig den Mutterparteien zugutekommt, verfassungswidrig ist und die Selbst-Bewilligung von Fraktionsmitteln auch für Öffentlichkeitsarbeit die Chancengleichheit der ÖDP verletzt.

Dadurch, dass das Gericht auch bei der Verwendungskontrolle nicht berücksichtigt, dass der Bundestag auch beim Ausschluss der Erforderlichkeit der Rechnungshofkontrolle in eigener Sache gehandelt hat, entzieht es sich den Zugriff auf die Problematik. Das Gleiche gilt für die Aussperrung des Bundesrechnungshofs von der Kontrolle der Abgeordnetenmitarbeiter und die (Nicht-)Kontrolle des Bundestagspräsidenten wegen verdeckter Parteienfinanzierung.

Bei parteinahen Stiftungen konstruiert das Gericht die Unzulässigkeit der Klage, indem es fälschlicherweise das Urteil von 1986 zugrunde legt. Dieses war dadurch gekennzeichnet, dass es den Gedanken »Entscheidung in eigener Sache« noch nicht herangezogen hatte, sondern lediglich vom allgemeinen Gleichheitssatz als Maßstab ausgegangen war.[104] Legt man dagegen den neuerdings vom Gericht auch bei mittelbaren Entscheidungen des Parlaments in eigener Sache angewendeten strengen Gleichheitssatz zugrunde, wird klar, dass das Urteil von 1986 überholt ist, wie die ÖDP ja auch im Einzelnen dargelegt hatte (siehe S. 79–82).

6. Versagen des rechtlichen Gehörs

a) Art. 103 Abs. 1 GG

Das Gericht hat zahlreiche höchst relevante Ausführungen der ÖDP nicht zur Kenntnis genommen oder gar wahrheitswidrig behauptet, die ÖDP habe zu zentralen Fragen nichts Relevantes vorgetragen.

Nach Art. 103 Abs. l GG ist das Gericht verpflichtet, den Vortrag der Beteiligten zur Kenntnis zu nehmen und bei seiner Entscheidung in Erwägung zu ziehen.[105] Eingegangene Schriftsätze müssen vom Senat zur Kenntnis genommen und in die Beurteilung einbezogen werden.[106] Das gilt auch im Verfahren nach § 24 BVerfGG.[107] Das Vorbringen muss für den Ausgang des Verfahrens erheblich sein. Ein Verstoß liegt vor, wenn nicht ausgeschlossen werden kann, dass die Anhörung zu einer anderen Entscheidung geführt hätte.[108] Verlangt wird eine gewisse Evidenz der Gehörsverweigerung, das heißt, im Einzelfall müssen jeweils besondere Umstände gegeben sein, die deutlich werden lassen, dass das Vorbringen der Beteiligten entweder überhaupt nicht zur Kenntnis genommen oder doch bei der Entscheidung »ersichtlich nicht erwogen worden ist«.[109] Das Gericht muss nicht auf jedes, aber auf das für das Verfahren wesentliche oder erhebliche Vorbringen eingehen.[110]

Das Gericht ist verpflichtet, den Beteiligten die Möglichkeit zur Äußerung zu allen erheblichen tatsächlichen und rechtlichen Fragen einzuräumen. Deshalb darf das Gericht solche Tatsachen und Beweisergebnisse nicht verwerten, zu denen sich die Beteiligten nicht äußern konnten.[111] Auch darf das Gericht keine Überraschungsentscheidung treffen, die ohne vorherigen Hinweis auf einen rechtlichen Gesichtspunkt abstellt, »mit dem auch ein gewissenhafter und kundiger Prozessbeteiligter selbst unter Berücksichtigung der

Vielfalt vertretbarer Rechtsauffassungen nach dem bisherigen Prozessverlauf nicht zu rechnen brauchte«.[112]

Art. 103 Abs. 1 GG ist zum Beispiel verletzt, wenn das Gericht eine zentrale Frage des Prozesses in den Entscheidungsgründen gar nicht anspricht[113] oder ohne Begründung von der im Parteivorbringen in Bezug genommenen obergerichtlichen Rechtsprechung abweicht.[114]

b) Zusammenfassung der einschlägigen Fälle

Nach diesen Grundsätzen liegen mehrere Verstöße gegen Art. 103 Abs. 1 GG vor.

(1) Das Gericht hat seinem Beschluss die Entscheidung des Bundesverfassungsgerichts zu parteinahen Stiftungen von 1986 zugrunde gelegt, in dem das Gericht es noch in Abrede gestellt hatte, dass die Globalzuschüsse der Stiftungen eine verdeckte Parteienfinanzierung darstellen. Dabei hat das Gericht die umfassenden Darlegungen der ÖDP zur verfassungsrechtlichen Überholtheit des Stiftungsurteils von 1986 ausgeblendet und behauptet, die ÖDP habe zu diesem Thema nichts Relevantes vorgetragen (dazu siehe S. 78 ff.).

(2) Das Gericht hat den Vortrag der ÖDP, dass die materielle und formelle Verfassungswidrigkeit von Bestimmungen des Abgeordnetengesetzes – trotz des Verstreichens der Sechsmonatsfrist – vom Gericht einbezogen werden musste (siehe S. 58–62), komplett übergangen und auch

darauf seine Auffassung gegründet, es läge kein missbräuchliches System vor.

(3) Das Gericht hat die Ausführungen der ÖDP zur Kontrolle des Gesetzgebungsverfahrens bei nicht quantifizierbarem Ergebnis ebenfalls übergangen und darauf seine Auffassung gestützt, die ÖDP habe nichts Relevantes für die Überzogenheit der Bewilligungen für Fraktionen, Abgeordnetenmitarbeiter und parteinahe Stiftungen vorgetragen; damit habe sie auch dafür nichts vorgetragen, dass der Bundestag einer verfassungswidrigen Parteienfinanzierung Vorschub leiste (siehe S. 70–75).

(4) Das Gericht hat das von der ÖDP angeführte Hartz-IV-Urteil völlig unerwähnt gelassen, obwohl die ÖDP auch darauf die soeben unter (3) genannten Darlegungen gestützt hatte (siehe S. 76–77).

(5) Das Gericht hat die Darlegung der ÖDP, dass man mangels objektiver Maßstäbe für den Bedarf zu Hilfsüberlegungen übergehen müsse, die die Überzogenheit der Bewilligungen belegen (siehe S. 71–75), ebenfalls übergangen.

(6) Zugleich hat das Gericht unzutreffend behauptet, die ÖDP habe sich mit der Frage nicht befasst, warum Art. 38 GG der unbeschränkten Prüfung der Fraktionen durch den Bundesrechnungshof nicht entgegenstehe. Vor allem geht das Gericht nicht auf die von der ÖDP angeführte Rechtsprechung des Bundesverfassungsgerichts ein, wonach der Bundesrechnungshof die Frakti-

onen genauso zu prüfen hat wie andere staatliche Stellen auch, und gründet auch darauf seine Auffassung, es liege kein Kontrolldefizit vor (siehe S. 63 f.).

(7) Ferner hat das Gericht den von der ÖDP vorgelegten Beleg, dass die seit Langem andauernde Weigerung des Bundestags, den Bundesrechnungshof Abgeordnetenmitarbeiter prüfen zu lassen, immer noch aktuell ist, nicht zur Kenntnis genommen, sondern geradezu unterdrückt, um die Verantwortung für die Nichtprüfung nicht dem Bundestag zurechnen zu müssen, sondern dem Rechnungshof zuzuschieben (siehe S. 65 ff.). Auf diese Weise hat das Gericht sich eines der Elemente geschaffen, die es ihm ermöglichten, die Existenz eines missbräuchlichen Systems in Abrede zu stellen.

(8) Schließlich hat das Gericht die gesamte von der ÖDP in den Mittelpunkt ihres Vortrags gestellte und diese ganz wesentlich tragende Darstellung der Problematik der Entscheidung des Parlaments in eigener Sache ausgeblendet (siehe S. 82 ff.).

Vor diesem Hintergrund überrascht es nicht, dass das Gericht bei Darstellung des Vorbringens der ÖDP in den Einleitungsteilen seines Beschlusses die in mehreren Schriftsätzen der ÖDP enthaltenen Erwiderungen auf die Einwände des Bundestags sowie der CDU und der CSU nicht erwähnt hat (Rn. 14 ff., 35 ff.).

Nach allem hat das Gericht der ÖDP das rechtliche Gehör in mehreren gravierenden Punkten, auf die das Gericht seinen Beschluss stützt, versagt und damit in krasser Weise gegen Art. 103 Abs. 1 GG verstoßen.

7. Verwehrung effektiven Rechtsschutzes

a) Überblick

Der Beschluss des Gerichts erscheint auch deshalb fatal, weil er außerparlamentarischen Parteien, wie der ÖDP, praktisch jede effektive Möglichkeit nimmt, die Verletzung ihres Rechts auf Chancengleichheit durch die verdeckte Parteienfinanzierung von Fraktionen, Abgeordnetenmitarbeitern und parteinahen Stiftungen gerichtlich geltend zu machen.

Denn nach Auffassung des Gerichts hätte die ÖDP gegen die gesetzlichen Bestimmungen über Fraktionen und Abgeordnetenmitarbeiter und die darin enthaltenen Erlaubnisse, die der Bundestag sich, sozusagen als »Freibrief«, selbst erteilt hat, bereits 1995, kurz nach ihrem Inkrafttreten, innerhalb einer Sechsmonatsfrist gerichtlich vorgehen müssen. Da das nicht geschehen ist, will das Gericht der ÖDP jeden Einwand gegen die manipulativen Gesetze abschneiden. Ganz abgesehen davon, dass diese Argumentation im vorliegenden Fall aus anderen Gründen ohnehin nicht greift (siehe S. 58–62), war die Verletzung der Chancengleichheit zulasten der Klägerin damals noch gar nicht absehbar, sodass ihre Klagebefugnis noch nicht belegbar war. Im Einzelnen:

b) Fraktionen

Nach Auffassung des Gerichts hätte die ÖDP gegen die materiell und formell verfassungswidrigen Bestimmungen des Abgeordnetengesetzes bereits innerhalb der Sechsmonatsfrist nach ihrem Inkrafttreten im Jahre 1995 gerichtlich vorgehen müssen (Rn. 67, 73 f., 111 und 115). Damals war aber noch gar nicht ersichtlich, ob und wie die Bundestagsfraktionen etwa von der durch § 47 Abs. 3 AbgG erfolgten Gestattung der Öffentlichkeitsarbeit Gebrauch machen, in den politischen Wettbewerb eingreifen und die Rechte der ÖDP als außerparlamentarischer Partei verletzen würden.

So war innerhalb der Sechsmonatsfrist noch nicht abzusehen, welchen Umfang, welche Form und welche Intensität die Öffentlichkeitsarbeit der Fraktionen annehmen würde und ob sie zum Beispiel über bloße Erklärungen von Fraktionsmitgliedern, Pressemeldungen und Pressekonferenzen hinausgehen würde, die verfassungsrechtlich wohl noch tolerabel hätten erscheinen können.[115] Seinerzeit konnte die ÖDP also noch gar nicht erkennen und belegen, dass Öffentlichkeitsarbeit in Millionenhöhe drohe, wie sich dies jetzt aus den Berichten der Fraktionen ergibt, wobei die Berichte nur die Sachaufwendungen, also lediglich einen Teil der Aufwendungen der Fraktionen für Öffentlichkeitsarbeit, ausweisen, nicht auch die Personalaufwendungen.

Die ÖDP hätte innerhalb der damaligen Sechsmonatsfrist also noch nichts Substanzielles für die Verletzung der Chancengleichheit durch Öffentlichkeitsarbeit der Fraktionen vortragen können, zumal die Berichte der Fraktionen über die Verausgabung der Mittel und damit auch über den finanziellen Umfang ihrer Öffentlichkeitsarbeit (§ 52 AbgG) erst später publiziert wurden, nachdem die Sechsmonatsfrist längst verstrichen war. Das Gericht behandelt diesen faktischen Ausschluss einer damaligen Klage der ÖDP gegen die Zulassung von Öffentlichkeitsarbeit der Fraktionen (§ 47 Abs. 3 AbgG) mit keinem Wort.

c) Abgeordnetenmitarbeiter

Auch hinsichtlich der Abgeordnetenmitarbeiter und ihrer Verwendung für die Mutterparteien (und damit der Verletzung der Chancengleichheit zulasten der ÖDP und anderer außerparlamentarischer Parteien) verweist das Gericht darauf, die gesetzliche Regelung über Abgeordnetenmitarbeiter sei bereits 1995 in Kraft getreten und hätte deshalb damals innerhalb der Sechsmonatsfrist von der ÖDP angegriffen werden müssen (Rn. 67, 73, 90). Dadurch wird der ÖDP auch hier eine realistische Klagemöglichkeit vorenthalten. Denn damals war die flächendeckende Verwendung der Abgeordnetenmitarbeiter für Parteizwecke, die die Verletzung der Chancengleichheit zulasten der ÖDP begründet, noch nicht deutlich.

d) Bewilligungsverfahren

Auch dass es – bei fehlenden Maßstäben zur Beurteilung des Bedarfs (und damit auch zur Ermittlung des unangemessenen Teils der Bewilligung) – auf das Verfahren ankommt und bei mangelnder Begründung die Bewilligung schon deshalb verfassungswidrig ist, jedenfalls dann, wenn sie in eigener Sache erfolgt (siehe S. 75–77), konnte damals noch nicht vorgebracht werden, weil das Gericht seinerzeit eine entsprechende Rechtsprechung noch nicht entwickelt hatte.

e) Ergebnis

Die ÖDP wird also hinsichtlich der Bestimmungen des Abgeordnetengesetzes auf angeblich vor 20 Jahren bestehende Anfechtungsmöglichkeiten verwiesen, die sie damals faktisch gar nicht wahrnehmen konnte. Gleichzeitig wird ihr – wegen Verstreichens der Sechsmonatsfrist – die rechtliche Geltendmachung zu einem späteren Zeitpunkt, als der faktische Nachweis möglich wurde, rechtlich verwehrt.

Die Versagung der Möglichkeit eines effektiven gerichtlichen Vorgehens der ÖDP gegen die Verletzung der Chancengleichheit läuft im Ergebnis auf eine Verweigerung des rechtlich garantierten Rechtsschutzes hinaus. Auch wenn Art. 19 Abs. 4 GG nicht gegenüber dem Gesetzgeber gelten sollte, dürfte jedenfalls der Justizgewährleistungsanspruch hier einschlägig sein.[115a]

VI

Docket Control des Bundesverfassungsgerichts?

1. Mögliche Gründe für das »Abwürgen« des Verfahrens

a) Scheu des Gerichts vor grundlegenden Strukturänderungen

Mit dem aufwendigen, aber letztlich unzulänglichen Versuch, das Verfahren bereits in der Zulässigkeitsstation »abzuwürgen«, wollte das Gericht offenbar vermeiden, die Begründetheit der Klage feststellen zu müssen. Das mag verschiedene Gründe haben. Bei einer positiven Entscheidung wäre das Gericht wohl nicht umhinkommen, die von der Politikwissenschaft aufgegebene Trennung von »parties in parliament« und »parties on the ground« und den grundlegenden Strukturwandel der politischen Parteien [116] thematisieren zu müssen. Auch von Praktikern wird die formale Trennung beider Bereiche nachhaltig in Zweifel gezogen. So hat Heiner Geißler, der frühere Generalsekretär der CDU, bemerkt, »die Fiktion von der Trennung zwischen parlamentarischer und parteipolitischer Arbeit [... sei] in der Realität des politischen Lebens [...] längst aufgehoben«.[117] Peter Radunski, der frühere Bundesgeschäftsführer der CDU, und andere sprechen von »Fraktionsparteien«[118] und betonen damit den unerhörten Bedeutungszuwachs der Fraktionen, der durch den unbegrenzten Zugriff auf staatliche Ressourcen befeuert wird und die Fraktionen durch Übernahme von Parteiaufgaben immer mehr zu Ersatzparteien werden lässt, eine Entwicklung, die an außerparlamentarischen Parteien natürlich völlig vorbeigeht.

Der Bundestag wäre im Falle einer positiven Entscheidung des Gerichts zu außerordentlich umfangreichen Änderungen gezwungen worden. Notwendig wären zum Beispiel die strukturelle Neuregelung der Stiftungsfinanzierung und der Erlass eines entsprechenden Gesetzes, Änderungen des Status der Fraktionen und des Status der Abgeordneten im Hinblick auf ihre persönlichen Mitarbeiter, die Verpflichtung des Bundestags, dem Bundesrechnungshof nicht mehr die Kontrolle der Abgeordnetenmitarbeiter vorzuenthalten, eine Kontrolle durch die Öffentlichkeit vorzusehen und wirksame Kontrollen der Fraktionen zu ermöglichen.

b) Furcht vor heftigstem Streit mit Berlin

Wegen der vielen Hundert Millionen Euro, um die es ging und die das finanzielle »Eingemachte« der Berliner Politik betreffen, wäre ohnehin ein Konflikt mit der gesamten politischen Klasse unvermeidlich geworden, den das Gericht vermutlich scheute.

Jedenfalls hatten zahlreiche hohe Politiker nach der Beseitigung der Sperrklausel bei deutschen Europawahlen durch den Zweiten Senat diesen derart heftig kritisiert[119] und Konsequenzen angedroht,[120] dass einige geradezu von einem »Gerichtsbashing« sprachen.[121] Das Hohe Haus sah sich in seinem Selbstverständnis getroffen, weil das Gericht ganz offen davon gesprochen hatte, dass der Bundestag bei Entscheidungen in eigener Sache befangen und deshalb eine besonders strenge Gerichtskontrolle geboten sei. Solche Entscheidungen in eigener Sache sind aber auch das zentrale Problem der verdeckten Parteienfinanzierung.

So äußerte sich Bundestagspräsident Norbert Lammert empört über die Urteile.[122] Der Vorsitzende der Unionsfraktion im Bundestag, Volker Kauder, bemängelte, das Bundesverfassungsgericht schränke die Gestaltungsfreiheit des Bundestags ungebührlich ein und beachte den Grundsatz der richterlichen Selbstbeschränkung nicht.[123] In dasselbe Horn stießen Bundesfinanzminister Wolfgang Schäuble und der Vorsitzende des Auswärtigen Ausschusses, Norbert Röttgen.[124] Aus Unionskreisen wurde moniert, von der Union vorgeschlagene Verfassungsrichter, wie Peter M. Huber, täten so, als hätten sie »nie etwas mit der Union zu tun gehabt,«[125] und legten dem Gericht damit unverblümt eine parteiische Rechtsprechung nahe. Offenbar wolle »die Führung der CDU/CSU-Fraktion im Bundestag künftig stärker auf die Auswahl von Kandidaten für Richterposten achten«.[126] Der CSU-Vorsitzende Horst Seehofer[127] und der Vorsitzende des EU-Ausschusses im Deutschen Bundestag, Gunther Krichbaum,[128] plädierten dafür, die Sperrklausel im Grundgesetz zu verankern und so dem Verfassungsgericht die Grundlage seiner Sperrklausel-Entscheidungen zu entziehen. Erwogen wurde in Berlin anscheinend auch, die Zuständigkeit des Gerichts zu beschneiden oder die 12-jährige Amtszeit der Richter zu verkürzen,[129] die seinerzeit gerade eingeführt worden war, um die Unabhängigkeit der Richter zu stärken.[130]

Sollte das »Bashing« des Gerichts ein Grund dafür sein, dass es nunmehr den Gedanken der intensiven Gerichtskontrolle bei Entscheidungen, die das Parlament »gewissermaßen in eigener Sache« trifft, im Beschluss vom 15. Juli 2015 fallen gelassen hat (siehe S. 82 ff.).

Jedenfalls hätte eine positive Entscheidung des Gerichts auf die Klage der ÖDP vermutlich zu einem heftigen Streit mit der etablierten politischen Klasse geführt, einem Streit, der wohl noch sehr viel heftiger ausgefallen wäre, als dies nach den Sperrklausel-Urteilen der Fall war. Im vorliegenden Verfahren stand für die politische Klasse ungleich viel mehr auf dem Spiel als bei den Sperrklausel-Verfahren.

2. Abweisung aus politischen Gründen?

Welche Gründe auch immer den Ausschlag dafür gaben, dass das Gericht »kurzen Prozess« machte und die Sache wegen Unzulässigkeit verwarf, jedenfalls spricht viel dafür, dass das Gericht damit eine sogenannte Docket Control[131] vornahm, das heißt, es traf die – offenbar politisch motivierte – Entscheidung, nicht zu entscheiden, ohne dies aber offenzulegen. Soweit Docket Control im US-amerikanischen Recht für den Supreme Court rechtlich zulässig ist,[132] besteht seine Funktion nicht nur darin, das Gericht zu entlasten; das Gericht gebraucht sie vielmehr auch dafür, ihm besonders heftige Auseinandersetzungen mit der politischen Macht zu ersparen. Sie ermöglicht es dem Gericht, wie es in Analysen des Rechtsinstituts heißt, sensiblen Bereichen auszuweichen[133] und »exzessive politische Kämpfe« zu vermeiden.[134] Genau darum geht es offenbar auch im vorliegenden Verfahren. Doch dem Bundesverfassungsgericht ist ein solches Ausweichen vor der politischen Macht *nicht* gestattet.

Hinsichtlich des Europäischen Gerichtshofs ist die Einführung von Docket Control gelegentlich diskutiert worden.[135] Dagegen müssen die deutschen Gerichte, eben auch das Bundesverfassungsgericht, allein nach rechtlichen Grundsätzen entscheiden und dürfen sich bei ihren Entscheidungen nicht von politischen Erwägungen leiten lassen. Sie müssen notfalls auch heftige Auseinandersetzungen mit den Betroffenen in Kauf nehmen und aushalten. Dafür wird den Richtern persönliche und dem Gericht institutionelle Unabhängigkeit gewährt. Doch daran hat das Bundesverfassungsgericht sich im vorliegenden Verfahren nicht gehalten. Um in der Sache nicht entscheiden zu müssen, unterdrückte das Gericht umfangreiches relevantes Vorbringen der ÖDP, ließ ganze Schriftsätze außer Acht und traf eine willkürliche Entscheidung. Es verstrickte sich in unhaltbare Argumentationen und (nicht offen benannte) Widersprüche zu eigenen früheren Urteilen. Es erscheint schlechterdings ausgeschlossen, dass alle sieben Richter und Richterinnen des Zweiten Senats, die am Beschluss teilgenommen haben, seine zahlreichen Unhaltbarkeiten unterschrieben hätten, wenn sie sich nicht in einem einig gewesen wären: die Sache nicht zu entscheiden, und das erschien eben bei einstimmiger Verwerfung wegen Unzulässigkeit gemäß § 24 BVerfGG möglich.

Die Unhaltbarkeit der Gründe des Beschlusses bietet zugleich eine Erklärung dafür, warum das Gericht auch eine mündliche Verhandlung vermeiden wollte. In einer öffentlichen Verhandlung wäre es nicht mehr möglich gewesen, zentral relevantes Vorbringen der ÖDP unter den Tisch fallen zu lassen. Und auch die vielen sonstigen Mängel des Beschlusses wären öffentlich geworden. Die mündliche Verhandlung konnte das Gericht aber ebenfalls nur vermeiden, wenn es gelang, die Klage wegen Unzulässigkeit zu verwerfen; dafür mussten normale Grundsätze eines fairen gerichtlichen Verfahrens ignoriert werden.

Die vorliegende Analyse holt sozusagen die bisher fehlende Öffentlichkeit nach und macht die bisher unterdrückten

Argumente der ÖDP publik; zugleich stellt sie einen gewissen, wenn auch höchst unvollkommenen Ersatz für das rechtliche Gehör dar, das der ÖDP im Gerichtsverfahren vielfach verweigert wurde.

3. § 24 BVerfGG: missbräuchlich in Anspruch genommen

Folgt man der vorstehenden Argumentation, so wurde im vorliegenden Verfahren auch der Ausschluss der mündlichen und öffentlichen Verhandlung missbräuchlich in Anspruch genommen. § 24 BVerfGG gestattet zwar ausnahmsweise, eine Klage ohne mündliche und öffentliche Verhandlung als unzulässig zu verwerfen, wenn dies einstimmig geschieht. Der Gesetzgeber hatte die darin liegende Missbrauchsgefahr bei Formulierung der Vorschrift durchaus gesehen, glaubte aber, sie dadurch bannen zu können, dass er Einstimmigkeit des Senats verlangte.[136]

Beruht die Einstimmigkeit aber in Wahrheit gar nicht auf der rechtlichen Einschätzung der Unzulässigkeit der Klage, sondern auf einer ganz anderen Motivation, nämlich auf dem übereinstimmenden Bestreben der Senatsmitglieder, aus politischen Gründen in der Sache nicht entscheiden zu wollen, so entfällt die Gewähr gegen Missbrauch.

Dann liegt hier die missbräuchliche Inanspruchnahme der von § 24 BVerfGG eröffneten Möglichkeit des abgekürzten Verfahrens gerade vor, die der Gesetzgeber hatte verhindern wollen. Bezieht man die Art und Weise ein, wie der Beschluss abgewickelt wurde (siehe S. 52–56), so verstärkt sich der Eindruck, dass das Gericht eine öffentliche Diskussion des Beschlusses von vornherein vermeiden wollte.

VII

Schlusswort

Der Zweite Senat des Bundesverfassungsgerichts hat am 15. Juli 2015 einstimmig beschlossen, in der Sache nicht zu entscheiden. Er traf damit unzulässigerweise einen sogenannten Docket-Control-Beschluss (S. 96 ff.). Um die Feststellung der Begründetheit der Klage der ÖDP vermeiden und sie ohne mündliche Verhandlung als unzulässig verwerfen zu können, hat der Senat einen reinen Willkürbeschluss getroffen und das für andere Fälle vorgesehene Verfahren des § 24 BVerfGG missbräuchlich in Anspruch genommen (S. 102 f.).

Der Senat hat relevantes Vorbringen der ÖDP mehrfach unterdrückt und damit das Grundrecht der ÖDP auf rechtliches Gehör schwer verletzt, einen Grundsatz also, der ein »prozessuales Urrecht« darstellt und für ein rechtsstaatliches Gerichtsverfahren »schlechthin konstitutiv« ist (so das Bundesverfassungsgericht selbst).[165]

So hat der Senat seine eigene Rechtsprechung, dass Entscheidungen des Parlaments in eigener Sache der öffentlichen Kontrolle unterliegen müssen und das Gericht sie intensiv zu kontrollieren hat, aufgegeben, ohne dies offenzulegen, und dabei das Vorbringen der ÖDP, das sich auf jene Rechtsprechung stützt, unerwähnt gelassen (siehe S. 82 ff.).

Der Senat hat die ausführliche Darlegung der ÖDP, warum das Urteil von 1986 über parteinahe Stiftungen durch neue tatsächliche und rechtliche Entwicklungen verfassungsrechtlich überholt ist, übergangen, ja er hat sogar behauptet, die ÖDP habe dazu nichts Relevantes vorgetragen (S. 78 ff.).

Die materielle und formelle Verfassungswidrigkeit mehrerer Regelungen im Abgeordnetengesetz, zum Beispiel die Zulassung von Öffentlichkeitsarbeit der Fraktionen, hätte das Gericht bei der Prüfung, ob ein missbräuchliches System der »Selbstbedienung« vorliegt, einbeziehen müssen (S. 58 ff.). Stattdessen hat der Senat das entsprechende Vorbringen der ÖDP übergangen und die Unvereinbarkeit der Regelungen mit mehreren Urteilen des Gerichts ausgeblendet (S. 59 ff.).

Mangels objektiver Maßstäbe für die angemessene Höhe der Bewilligungen für Fraktionen, Abgeordnetenmitarbeiter und parteinahe Stiftungen (und damit auch für den überschießenden, für die Parteien verwendeten Teil) hätte das Gericht die Korrektheit des Gesetzgebungsverfahrens kontrollieren und verneinen müssen. So ist auch der Erste Senat im Hartz-IV-Verfahren vorgegangen. Der Zweite Senat hat dies jedoch nicht getan und ist auf das entsprechende Vorbringen der ÖDP mit keinem Wort eingegangen (S. 76 f.).

Teil B

Zusatz zur Neuausgabe: ein befangener Richter in der Schlüsselstellung des Berichterstatters

I

Wer kontrolliert die Kontrolleure?

Die wichtige Aufgabe der Berichterstattung kam im Verfahren des Zweiten Senats (2 BvE 4/12) Peter Müller zu. Dieser Richter war zwar, wie in diesem Nachwort ausführlich dargelegt wird, aus mehreren Gründen befangen, erhielt aber in der Schlüsselstellung des Berichterstatters dennoch die Möglichkeit, Richtung, Verlauf und Ergebnis dieses gewichtigen Verfahrens wesentlich mitzubestimmen.

Dass Müller trotz seiner Befangenheit zum federführenden Dirigenten dieses Gerichtsverfahrens werden konnte, macht die Problematik zahlreicher Regelungen, Interpretationen und Usancen deutlich, die zu dieser aberwitzigen Konstellation geführt haben. Der vorliegende Fall erweist sich damit als Anschauungs- und Lehrbeispiel für Mängel in der Befangenheitspraxis des Bundesverfassungsgerichts. Dabei geht es um die uralte Grundfrage des Rechtsstaats: Wer kontrolliert die Kontrolleure? Gerade bei diesem Thema ist Transparenz besonders wichtig, um wenigstens öffentliche Kontrolle zu ermöglichen.

Im Folgenden werden zunächst die drei Komplexe dargestellt, die eine Befangenheit des Richters Peter Müller nahelegen und, zumindest in ihrer Summe, auch begründen (unter II). Sodann wird das Procedere für die Wahl der Richter und die Bestimmung des Berichterstatters behandelt, das es auch politisch und rechtlich belasteten Personen ermöglicht, Richter und sogar Berichterstatter in jenem Bereich werden zu können, der ihre Befangenheit begründet. Alsdann werden die Befangenheitsvorschriften des Bundesverfassungsgerichtsgesetzes und ihre laxe Auslegung kritisiert (III) sowie die Tatsache, dass durch Mitwirkung eines befangenen Richters der Klägerin der gesetzliche Richter vorenthalten wurde (IV). Abschließend folgt ein Resümee (V).

Der in Teil A behandelte Beschluss vom 15.7.2015 (2 BvE 4/12) hatte auch Auswirkungen auf ein weiteres, von mir betriebenes Gerichtsverfahren mit ähnlichem Gegenstand. Darin sah sich der Senat hinsichtlich der angeblichen Unbefangenheit Müllers festgelegt, sodass dieser erneut als Berichterstatter wirken konnte. So wurde durch Beschluss vom 19.9.2017 (2 BvC 46/14) eine Sachentscheidung über die gewaltige verschleierte Parteienfinanzierung durch Fraktionen, Abgeordnetenmitarbeiter und Parteistiftungen verhindert. Immerhin stellte der Senat beim Einsatz von Abgeordnetenmitarbeitern ein erhebliches Kontrolldefizit fest (unter C).

II

Sachverhalte, die die Befangenheit Peter Müllers begründen

1. Müllers Regierung beging im Saarland verfassungswidrige Regierungspropaganda

a) Verurteilung durch den Verfassungsgerichtshof des Saarlandes

Müller war, bevor er Ende 2011 Richter am Bundesverfassungsgericht wurde, zwölf Jahre lang Ministerpräsident im Saarland gewesen. Dort hatte er gezeigt, wie wenig Achtung er den verfassungsrechtlichen Grenzen der staatlichen Politikfinanzierung entgegenbringt. Als er nämlich vor der saarländischen Landtagswahl 2009 seine absolute CDU-Mehrheit zu verlieren drohte, versuchte er durch staatlich finanzierte Regierungspropaganda gegenzusteuern. Doch das bedeutete eine verfassungswidrige verdeckte Parteienfinanzierung zugunsten seiner Partei, der CDU, und zulasten politischer Konkurrenten. Das hat der Verfassungsgerichtshof des Saarlandes mit Urteil vom 1.7.2010[138] in aller Klarheit festgestellt:

»Es wird festgestellt, dass die Antragsgegnerin [gemeint war die Landesregierung des Saarlandes] dadurch gegen das Gebot der Neutralität des Staates im Wahlkampf (Art. 60 Abs. 1 und Art. 61 Abs. 1 SVerf [Verfassung des Saarlandes]) und den Grundsatz der Chancengleichheit bei Wahlen (Art. 63 Abs. 1 SVerf i.V.m. Art. 21 Abs. 1 GG) verstoßen hat, dass sie vor der Landtagswahl vom 30.8.2009 durch die Publikation der Broschüre »Saarland – aber sicher« und durch die Veröffentlichung der Anzeigenserie »Der Ministerpräsident informiert« […] sowie durch den Brief des Ministerpräsidenten vom Mai 2009, der den Gehaltsabrechnungen der Beschäftigten des Landes beigefügt war, werbend in den Wahlkampf eingegriffen hat.«

b) Strafbare Untreue

Die Zweckentfremdung von Staatsgeldern zum Erhalt der politischen Macht ist strafbare Untreue (§ 266 Strafgesetzbuch). Diese geschah sicher vorsätzlich, denn es ist davon auszugehen, dass dem Juristen Müller die seit dem Urteil des Bundesverfassungsgerichts von 1977[139] geltenden und allgemein bekannten Grundsätze über die Unzulässigkeit von Regierungspropaganda in zeitlicher Nähe zum Wahltermin vertraut waren, dem Ministerpräsidenten also die Verfassungswidrigkeit der Maßnahmen seiner Regierung bewusst war. Dennoch ist von Ermittlungen saarländischer Staatsanwälte wegen Untreue nichts bekannt. »Honi soit qui mal y pense …« Die deutsche Staatsanwaltschaft ist unübersehbar politisch weisungsgebunden, weshalb der Europäische Gerichtshof ihre Unabhängigkeit in politischen Fragen mit Recht in Zweifel zieht.[140]

c) Verfassungsbruch

Diesen vorsätzlichen Verstoß gegen die mit dem Grundgesetz übereinstimmenden Vorschriften der Verfassung des Saarlandes[141] hatte ein Ministerpräsident begangen, der besonders auf die Rechtmäßigkeit seiner Handlungen verpflichtet war. Hatte Müller doch bei Antritt seines Amtes geschworen, er werde seine »Kraft dem Wohle des Volkes widmen, seinen Nutzen mehren, Schaden von ihm wenden, Verfassung und Recht wahren und verteidigen, [seine] Pflichten gewissenhaft erfüllen und Gerechtigkeit gegen jedermann üben« (Art. 89 der Verfassung des Saarlandes). Er hätte demnach wegen Verfassungsbruchs angeklagt werden können, und der Gerichtshof hätte auf Verlust des Amtes des Ministerpräsidenten erkennen können (Art. 94 Abs. 1 der Verfassung des Saarlandes).[142] Doch das war – angesichts der politischen Gegebenheiten – reine Theorie.

d) Ausbleiben einschneidender Konsequenzen

Gravierende Sanktionen hatte Müller als amtierender Ministerpräsident also nicht zu fürchten. Die Bundestagsverwaltung verhängte lediglich eine milde Geldbuße.[143] Und auch die Landtagswahl 2009 wurde trotz der rechtswidrigen Propaganda nicht etwa aufgehoben, denn die unzulässigen Werbemaßnahmen seien, wie der Verfassungsgerichtshof des Saarlandes unter Berufung auf zwei politikwissenschaftliche Sachverständige meinte, »ohne nennenswerte Wirkung auf das Wahlverhalten geblieben«.[144]

e) Die Befangenheit Müllers

Dass Peter Müller nur kurze Zeit vor Antritt seines Amtes als Verfassungsrichter eine zumindest mit bedingtem Vorsatz begangene verfassungswidrige verschleierte staatliche Parteienfinanzierung persönlich zu verantworten hatte, zeigte, dass er die verfassungsrechtlichen Grenzen für verschleierte Staatsfinanzierung zugunsten der eigenen Partei und zulasten politischer Konkurrenten nicht ernst nahm. Daher war zu befürchten, dass er auch die Grenzen für die Bewilligung und die Verwendung von öffentlichen Mitteln für Fraktionen, parteinahe Stiftungen und Abgeordnetenmitarbeiter unangemessen großzügig beurteilen und folglich in diesbezüglichen Verfahren befangen sein würde.

Wenn er schon in seiner Eigenschaft als Ministerpräsident bereit war, bindendes Verfassungsrecht zu brechen, das verdeckte Parteienfinanzierung verhindern soll, wie sollte er dann als Richter derartiges Verfassungsrecht unbefangen beurteilen können? Dies ist jedenfalls der Eindruck, den ein Verfahrensbeteiligter wie die Beschwerdeführerin bei vernünftiger Würdigung der Situation gewinnen musste – ein Eindruck, der ihr Anlass gab, an der Unvoreingenommenheit des Richters Peter Müller ernsthaft zu zweifeln.

2. Die Verfassungswidrigkeit des saarländischen Fraktionsrechtsstellungsgesetzes

Seine Verachtung für das Verfassungsrecht und die vom Bundesverfassungsgericht aufgestellten Maßstäbe hatte Peter Müller schon im Jahre 1996 demonstriert, als er das saarländische Fraktionsrechtsstellungsgesetz mit formulierte. Dieses Gesetz hatte Müllers CDU-Fraktion, deren Vorsitzender er damals war, zusammen mit den Fraktionen der SPD und dem Bündnis 90/Die Grünen initiiert[145] und durchgesetzt. Es handelt sich um ein klassisches »Camouflage-Gesetz«, also ein Gesetz voller inhaltlicher und verfahrensmäßiger Rechtswidrigkeiten, dessen Mängel seine Verfasser gezielt zu verbergen trachten. Die Höhe und Verteilung der Fraktionszuschüsse war darin nicht geregelt, was einen Verstoß gegen den sogenannten Gesetzesvorbehalt bedeutet. Zudem widersprechen zahlreiche weitere Vorschriften dieses Gesetzes der Rechtsprechung des Bundesverfassungsgerichts:

- Die Zulassung von Öffentlichkeitsarbeit der Fraktionen (§§ 3 Abs. 3, 5 Abs. 1 Fraktionsrechtsstellungsgesetz) widerspricht BVerfGE 20, 56 (104); 80, 180 (231).
- Der Ausschluss der Erforderlichkeit von Ausgaben der Fraktionen von der Prüfung durch den Rechnungshof (§ 8 Abs. 2 Satz 2) widerspricht BVerfGE 80, 180 (214).
- Die Zulassung von Zulagen für besondere Fraktionsfunktionen (§ 7 Abs. 2 Nr. 2.1) widerspricht BVerfGE 40, 296 (318) und 102, 224.[146]

Doch alle diese Verfassungswidrigkeiten blieben im Gesetzgebungsverfahren unerwähnt. Sie wurden weder im Entwurf des Fraktionsrechtsstellungsgesetzes noch in den beiden Plenarlesungen[147] thematisiert. Schon gar nicht erfolgte eine Auseinandersetzung mit den entgegenstehenden verfassungsgerichtlichen Urteilen. Weder in der ersten noch in der zweiten Lesung des Gesetzentwurfs fand im Landtagsplenum eine Debatte statt.[148]

Von besonderer Bedeutung hinsichtlich der Befangenheit des Richters Müller ist, dass das saarländische Gesetz nach Inhalt und Verfahren genau die gleichen verfassungsrechtlich unhaltbaren Regelungen aufweist, die auch das Fraktionsgesetz des Bundes[149] enthält, das Gegenstand des hier behandelten Verfahrens vor dem Bundesverfassungsgericht (2 BvE 4/12) war.

Müller hatte in diesem Gerichtsverfahren also federführend über die Anfechtbarkeit von Regelungen mitzuentscheiden, an deren Einführung er seinerzeit im Saarland mitgewirkt hatte. Indem der Senat unter Müllers Federführung eine Überprüfung der laufenden Bewilligungen auf verdeckte Parteienfinanzierung – etwa wegen unerlaubter Öffentlichkeitsarbeit der Fraktionen – für unzulässig erklärte, verneinte er indirekt auch die Zulässigkeit derartiger Anträge im Saarland und erklärte derartige verdeckte Parteienfinanzierung für nicht mehr angreifbar.[150] In seiner Funktion als Berichterstatter hatte Müller dem Senat also einen Entscheidungsvorschlag (§ 23 Abs. 1 GO-BVerfG) zu einem Verfahren vorzulegen, das verdeckte Parteienfinanzierung betraf, obwohl er selbst eine solche verdeckte Parteienfinanzierung begangen hatte. Damit lag die Besorgnis seiner Befangenheit auch hier auf der Hand.

3. Maßlose und rechtswidrige Erhöhung der Fraktionszuschüsse nach verlorener Landtagswahl als politisches Schmiermittel

Von der missbräuchlichen Fraktionsgesetzgebung, die sie selbst hergestellt hatten, profitierten Müller und seine Fraktion dann auch selbst. Nach den Verlusten bei der Landtagswahl von 2009, bei der Müllers saarländische CDU mehr als ein Viertel ihrer Abgeordnetenmandate eingebüßt hatte, brachte Müller eine Jamaika-Koalition zusammen und blieb so Ministerpräsident. »Schmiermittel« für die Bildung der Koalition lieferten vermutlich die gewaltige Erhöhung der selbst bewilligten Fraktionszuschüsse (plus 47 %) und die

Veränderung des Verteilungsschlüssels, die Müllers Koalitionsregierung im Haushaltsplan 2010 unterbrachte. Die »Selbstbedienung« kam vor allem den Fraktionen der beiden kleineren Koalitionspartner zugute. Bündnis 90/Die Grünen erhielten 59 % mehr, obwohl sie kein Mandat mehr bekommen hatten und Regierungspartei geworden waren. Die FDP-Fraktion erhielt mit nur zwei zusätzlichen Mandaten sogar 92 % mehr. Auch die CDU-Fraktion konnte trotz der großen Verluste bei der Landtagswahl den Umfang ihrer Zuschüsse weitgehend beibehalten.[151] Diese missbräuchliche Maßnahme war dadurch verschleiert worden, dass sie ohne Gesetzesänderung erfolgt war und lediglich im Haushaltsplan 2010 gestanden hatte, sodass die bei Entscheidungen des Parlaments in eigener Sache unerlässliche öffentliche Kontrolle[152] unterlaufen wurde. Das Versteckspiel war dadurch noch vertieft worden, dass Teile der Erhöhung an unerwarteter Stelle in einem neuen Haushaltstitel untergebracht worden waren, sodass die Erhöhung zunächst nur 24 % zu betragen schien.[153] Der Rechnungshof des Saarlandes bestätigte schließlich die Rechtswidrigkeit und beanstandete die Erhöhung teilweise aufs Schärfste:

Sie sei »weder notwendig noch angemessen« und »mit den Grundsätzen der Sparsamkeit und Wirtschaftlichkeit nicht vereinbar«[154].

Doch dem Wirken Müllers, zunächst als Ministerpräsident und dann als Verfassungsrichter, tat die Schelte des Rechnungshofs keinen Abbruch.

4. Fazit

All diese Gründe machen die Besorgnis der Befangenheit des Verfassungsrichters Müller unabweisbar. Selbst wenn man jeden der einzelnen Sachverhalte als unzureichend ansehen sollte, ergibt sich die Besorgnis aus der erforderlichen Gesamtbetrachtung. Das Bundesverfassungsgericht betont mit Recht die Notwendigkeit »einer Gesamtschau aller geschilderten Umstände«[155] und die »summative Wirkung« mehrerer problematischer Einzelhandlungen. Für die verfassungswidrige Fraktionsfinanzierung besitzt Müller als damaliger Fraktionsvorsitzender und als späterer Ministerpräsident, der nicht nur von der Regelung profitierte, sondern sie auch exzessiv ausschlachtete, »gleichsam eine Art Urheberschaft«[156]. Dasselbe gilt für die verfassungswidrige Regierungspropaganda, für die er als Ministerpräsident die Verantwortung trägt. Diese Feststellungen haben erst recht Geltung, wenn der Befangene als Berichterstatter agiert.

III

Wie kann es zur Mitwirkung befangener Richter kommen?

Angesichts dieser Sachverhalte stellt sich umso mehr die Frage, wie es dazu kommen konnte, dass ausgerechnet Peter Müller im vorliegenden verfassungsgerichtlichen Verfahren trotz der Besorgnis mangelnder Unabhängigkeit mitentscheiden konnte, und dies auch noch in der Schlüsselstellung eines Berichterstatters. Dazu kam es über drei Stationen: die Wahl eines rechtlich belasteten Parteipolitikers zum Richter (dazu unter 1), seine Bestellung zum Berichterstatter in Sachen Wahlen und Parteienrecht (unter 2) sowie den Nichtausschluss wegen Befangenheit im konkreten Verfahren (unter 3).

1. Die Wahl eines exponierten Parteipolitikers, der das Verfassungsrecht mehrfach gebrochen hatte, ins Bundesverfassungsgericht

Schon die Wahl eines derart parteipolitisch geprägten und rechtlich schwer belasteten Vollblutpolitikers wie Peter Müller in den Zweiten Senat, der über Parteienexzesse zu urteilen hat, erscheint, für sich genommen, als ungehöriger Vorgang – zumal dies ohne jede Karenzzeit geschah, wie sie sonst beim Wechseln auf die andere Seite (im Wege des sogenannten Drehtüreffekts) für unerlässlich gehalten wird. Hier hätten die Parteien sich – angesichts des Fehlens von Vorschriften, die derartige Personen für die Wahl zum Verfassungsrichter ausschließen – im Interesse des Ansehens des Gerichts zurückhalten müssen.

Müller hatte, bevor er Ende 2011 Richter am Bundesverfassungsgericht wurde, eine intensive Parteikarriere hinter sich. Zwar war er zunächst Richter am Amts- und am Landgericht (1986–1990) gewesen, begann dann aber als Abgeordneter und Parlamentarischer Geschäftsführer der CDU-Fraktion im saarländischen Landtag eine berufspolitische Laufbahn. Nachdem er Vorsitzender der CDU-Fraktion (1994–1999) und Vorsitzender der Saar-CDU (1995–2011) gewesen war, fungierte Müller von 1998 bis 2011 als Mitglied des Präsidiums der Bundes-CDU und von 1999 bis 2011 als Ministerpräsident des Saarlandes. In dieser Zeit beging er auch die von den saarländischen Kontrollorganen bestätigten Rechtsverstöße (siehe oben II).

Gegen die Berufungen exponierter Parteipolitiker hatte der renommierte Staatsrechtslehrer Heinrich Triepel schon frühzeitig Einwände erhoben und davor gewarnt, »dass Parteiregierungen für parteipolitisch abgestempelte Richter sorgen« und »die Verteilung der Richterstellen nach den Stärkeverhältnissen der Parteien im Parlament erfolgt«.[157]

Im vorliegenden Fall kam der oben geschilderte mehrfache Verfassungsbruch in Sachen Politikfinanzierung erschwerend hinzu; dieser hatte Müller für die Stelle im Verfassungsgericht vollends disqualifiziert.

Die schon früh diskutierte Wahl Müllers in den Zweiten Senat des Bundesverfassungsgerichts hatte ich öffentlich kritisiert, zum Beispiel in einem Interview mit n-tv:[158]

»Einen äußerst exponierten reinen Parteimann, der nach schwerer Wahlschlappe offenbar keine Lust mehr hat zu regieren, in denjenigen Senat zu entsorgen, der über Parteienexzesse zu urteilen hat, wäre äußerst schlechter Stil«, sagte von Arnim. Mit Blick auf ein Urteil vom 1. Juli dieses Jahres fügte er hinzu: »Wie soll einer, dessen Regierung gerade vom Verfassungsgerichtshof des Saarlandes wegen verfassungswidriger Regierungspropaganda verurteilt […] wurde, in Zukunft objektiv über derartige Exzesse urteilen?«

Diese Aussage wurde anlässlich der dann am 25.11.2011 erfolgenden Wahl von Peter Müller zum Verfassungsrichter auf *n-tv.de* erneut veröffentlicht. Vermutlich waren diese Äußerungen nicht gerade dazu angetan, vonseiten Müllers Objektivität bei Beurteilung der von mir betriebenen Gerichtsverfahren zu erwarten.

2. Dezernatsverteilung: den Bock zum Gärtner gemacht

So verwundert es erst recht, dass ausgerechnet Müller im Zweiten Senat das Dezernat »Wahlen und Parteienrecht« bekam. Dieses Dezernat hatte zunächst der Richter Michael Gerhardt inne, der auch die Urteile vorbereitet hatte, mit denen der Senat die Sperrklausel im Europawahlrecht für verfassungswidrig erklärte.[159] Gerhardt, der anfangs auch das beim Zweiten Senat anhängige ÖDP-Verfahren betreut hatte, war 2014, ein Jahr vor Ablauf seiner 12-jährigen Amtszeit, überraschend zurückgetreten. Es wurde nie geklärt, inwieweit sein vorzeitiger Rücktritt auch mit diesem Verfahren zusammenhing. Jedenfalls hatte er sich als Berichterstatter bereits darin eingearbeitet, wie in einem Gespräch deutlich wurde, das zustande kam, als wir uns zufällig im Mannheimer Hauptbahnhof trafen. In seiner Abschiedsrede warnte der parteilose Gerhardt denn auch vor zu großer Nähe des Gerichts zur Politik. Gerade ein Verfassungsgericht lebe »von der Distanz zu den potenziellen Verfahrensbeteiligten«. Sehr wahrscheinlich hätte es unter seiner Mitwirkung den Beschluss des Senats vom 15. Juli 2015, der das Verfahren, ohne auf die Sache einzugehen, kurzerhand für unzulässig erklärte, nicht gegeben.

Das unerhörte Bashing durch die Politik, das über den Senat wegen seines Urteils zur Verfassungswidrigkeit der Fünf-Prozent-Klausel im Europawahlrecht hereingebrochen war, und die unverblümte Drohung der CDU/CSU-Bundestagsfraktion, sie wolle »künftig stärker auf die Auswahl von Kandidaten für Richterposten achten« (siehe S. 98 f.), legen nahe, dass Gerhardts Warnung auf Richter wie Peter Müller gemünzt war, da dieser ja trotz oder vielleicht gerade wegen seiner besonderen parteipolitischen Belastung in den Zweiten Senat gewählt worden war.

Nach den praktizierten Regeln über die Dezernatsverteilung hätten nach Gerhardts Rücktritt die anderen Richter und Richterinnen auf dessen Dezernat (oder Teile davon) zugreifen können; denn im Zweiten Senat werden, wie die frühere Bundesverfassungsrichterin Gertrude Lübbe-Wolff mitteilt,[160] die Berichterstatter-Zuständigkeiten traditionell mit jedem Richterwechsel zur Disposition gestellt. Offenbar wollte aber kein anderer das Zuständigkeitressort von Gerhardt übernehmen, sodass Müller dies tun konnte. Lübbe-Wolf nennt die Praxis, »weniger geliebte Sachzuständigkeiten in das Dezernat des neu Hinzugekommenen zu verlagern, […] ein schönes Beispiel für eine institutionelle Fehlkonstruktion und vor allem auch […] ein schönes Beispiel dafür, […] dass, wie Menschen im Allgemeinen, so auch Verfassungsrichter gegen die ungünstigen Anreizwirkungen institutioneller Fehlkonstruktionen nicht immun sind«[161]

3. Nichtausschluss wegen Befangenheit im konkreten Verfahren: leichtfertig und problematisch interpretierte Befangenheitsvorschriften

Noch mehr überrascht es, dass Müller aus dem genannten Gerichtsverfahren nicht wegen Befangenheit ausgeschlossen worden war. Dafür sind die Befangenheitsvorschriften des Bundesverfassungsgerichtsgesetzes (BVerfGG) und ihre Auslegung durch das Gericht selbst verantwortlich. § 18 sieht nur vereinzelte Tatbestände vor, bei denen der Ausschluss des Richters von Amts wegen zu erfolgen hat (unten a). § 19 BVerfGG enthält zwar eine allgemeine Befangenheitsvorschrift, die aber nach der Rechtsprechung des Gerichts[162] für den Ausschluss einen Antrag verlangt, der hier nicht vorlag (b).

a) Kein Ausschluss von Amts wegen

Nach § 18 Abs. 1 Nr. 2 BVerfGG ist von Gesetzes wegen ausgeschlossen, wer vorher in derselben Sache tätig war. Diese Vorschrift legt das Gericht allerdings strikt wörtlich aus,[163] und am Zustandekommen des Fraktionsgesetzes des Bundes war Müller tatsächlich nicht beteiligt gewesen. Zwar war Müller an der in Wortlaut und Inhalt weitgehend identischen Parallelvorschrift des Saarlandes beteiligt gewesen, doch eine dementsprechende Anwendung der Vorschrift lehnte das Bundesverfassungsgericht ab, zumal § 18 Abs. 2 Nr. 1 die Mitwirkung im Gesetzgebungsverfahren als Befangenheitsgrund ausdrücklich ausschließt. Deshalb kam ein Ausschluss des Richters Müller von Amts wegen nicht in Betracht.

b) Kein Ausschluss mangels Antrags

Allerdings gibt es noch § 19 Abs. 1 BVerfGG, wonach ein Richter wegen Besorgnis der Befangenheit abgelehnt werden kann, worüber der Senat ohne den Abgelehnten zu entscheiden hat.

aa) Befangenheitsanforderungen erfüllt

Die Ablehnung eines Richters »setzt voraus, dass ein Grund vorliegt, der geeignet ist, Misstrauen gegen seine Unparteilichkeit zu rechtfertigen. Es kommt mithin nicht darauf an, ob der Richter tatsächlich ›parteilich‹ oder ›befangen‹ ist oder ob er sich selbst für befangen hält. Entscheidend ist ausschließlich, ob ein am Verfahren Beteiligter bei vernünftiger Würdigung aller Umstände Anlass hat, an der Unvoreingenommenheit des Richters zu zweifeln«[164]. Da »die Mitwirkung im Gesetzgebungsverfahren« aber in § 18 Abs. 3 Nr. 1 BVerfGG als Ausschlussgrund ausgeschlossen ist, verlangt das Gericht, dass etwas Zusätzliches gegeben sein muss, das »über die bloße Tatsache der Mitwirkung am Gesetzgebungsverfahren« hinausgeht, damit eine Besorgnis der Befangenheit als begründet erscheinen kann,[165] was hier ja auch der Fall war (siehe oben S. 110 ff.).

bb) Doch Müller stellt keinen Antrag

Für den Ausschluss des Richters bedarf es eines Antrags.[166] Müller selbst hätte gemäß § 19 Abs. 3 BVerfGG die Möglichkeit gehabt, diesen Antrag zu stellen. Er wäre dazu sogar verpflichtet gewesen,[167] zumindest dazu, dem Senat die gesamten Umstände mitzuteilen, welche die Besorgnis der Befangenheit begründeten.[168]

Doch das hat er offenbar nicht getan. Wäre eine solche Mitteilung beziehungsweise Erklärung erfolgt, hätte sie mir als Prozessvertreter der ÖDP zugeleitet werden müssen,[169] um mir Gelegenheit zu geben, dazu Stellung zu nehmen.[170] Dies geschah im vorliegenden Fall nicht. Allem Anschein nach hielt sich Müller, wie er später in einem ähnlichen Verfahren ausdrücklich erklären sollte, keineswegs für befangen[171], weshalb er im gesamten Verfahren weiter als Berichterstatter fungierte. Der bloße »Appell an das richterliche Amtsethos«[172] reicht eben oft nicht aus – und dieses »Dilemma wird durch das Gesetz nicht gelöst.«

cc) Das Gericht kann Müller nicht dazu zwingen

Selbst wenn der Senat die Umstände gekannt haben sollte, welche die Befangenheit des Richters Müller begründen, konnte er ihn nicht zu einem Antrag zwingen, und ohne Antrag konnte er ihn nicht ausschließen. Dem Senat wäre dann lediglich die Möglichkeit verblieben, gemäß § 105 BVerfGG vorzugehen, denn die Weigerung eines Richters, sich für befangen zu erklären, kann, wie auch das Gericht bestätigt, »nur im Verfahren nach § 105 BVerfGG geprüft und geahndet werden.«[173] Nach dieser Vorschrift kann das Bundesverfassungsgericht den Bundespräsidenten ermächtigen, einen Richter des Bundesverfassungsgerichts zu entlassen, »wenn er sich einer so groben Pflichtverletzung schuldig gemacht hat, dass sein Verbleiben im Amt ausgeschlossen ist«[174]. Da eine solche Ermächtigung aber nur vom Plenum des Bundesverfassungsgerichts mit einer Mehrheit von zwei Dritteln der Mitglieder des Gerichts ausgesprochen werden kann,[175] erscheint dieser Weg reichlich theoretisch; außerdem würde er erhebliches öffentliches Aufsehen erregen. Dementsprechend wurde diese Vorschrift bisher auch noch nie angewendet.[176]

dd) »Kurzer Prozess« nimmt ÖDP die Möglichkeit, selbst einen Befangenheitsantrag zu stellen

Die ÖDP hätte zwar die Möglichkeit gehabt, selbst einen Befangenheitsantrag gemäß § 19 Abs. 1 BVerfGG zu stellen. Doch war sie davon ausgegangen, damit noch bis zur mündlichen Verhandlung Zeit zu haben, wie es § 19 Abs. 2 Satz 2 BVerfGG vorsieht.[177] Diese Möglichkeit wurde ihr aber genommen, als der Senat das Verfahren ohne mündliche Verhandlung überraschend beendete, ohne die ÖDP oder ihren Prozessvertreter davon vorher in Kenntnis zu setzen.

c) Sind Verfassungsrichter bessere Menschen?

Bei der fortwährenden Mitwirkung des befangenen Richters und Berichterstatters Müller hat möglicherweise auch die Annahme einer höheren Objektivität und Unabhängigkeit der Mitglieder des Gerichts eine Rolle gespielt. Das Gericht geht schon früh davon aus, seine Mitglieder besäßen – in höherem Maße als Richter der Fachgerichtsbarkeiten – »jene innere Unabhängigkeit und Distanz zu den rechtssuchenden Parteien […], die sie befähigen, in Unvoreingenommenheit und Objektivität auch in politisch heiß umstrittenen Verfahren zu entscheiden«. Davon sei grundsätzlich auszugehen bei »einem Gericht vom Rang des Bundesverfassungsgerichts und den Richtern gegenüber, die in einem besonderen Berufungsverfahren mit qualifizierter Mehrheit – regelmäßig einmütig – von Bundestag und Bundesrat gewählt werden«.[178]

Diese selbst bescheinigte Sonderstellung der Richter des Bundesverfassungsgerichts ist allerdings mit Recht auf durchschlagende Kritik gestoßen.[179] Der Staatsrechtslehrer Christian Pestalozza spricht von »unschlüssigen und hochfahrenden Argumenten«[180], der Staatsrechtslehrer Eckart Klein von einer »merkwürdig elitären Auffassung von der eigenen Rolle, die mit einem Anspruch auftrat, den man (zu Recht) anderen Richtern zuzubilligen nicht bereit war«[181]. Der erfahrene Journalist Peter Lamprecht sieht darin »Symptome einer déformation professionelle«[182]. Die Sonderstellung, die sich Verfassungsrichter anmaßen, ergibt erst recht keinen Sinn, da es hier ja um die gerichtliche Kontrolle *gemeinsamer* Eigeninteressen aller Parlamentsparteien geht. Insoweit kann nämlich auch die vom Gericht hervorgehobene qualifizierte Mehrheit bei der Wahl von Verfassungsrichtern, die auch die Opposition einbinden soll, nicht vor einseitig den Parteien zugewandten Personen schützen. Die vom Gericht ebenfalls betonte Einmütigkeit bei Wahlen kann ja gerade ein Zeichen dafür sein, dass Gewählte die *gemeinsamen* Interessen aller Parlamentsparteien teilen.

IV.

Vorenthaltung des gesetzlichen Richters

Die Mitwirkung eines befangenen Richters ist insofern besonders gravierend, als dem Kläger damit der gesetzliche Richter auf grundgesetzwidrige Weise (Art. 101 Abs. 1 Satz 2 GG) vorenthalten wird.[183] Das Gericht stellt klar, dass die Mitwirkung eines befangenen Richters in rechtsstaatswidriger Weise gegen das Recht auf den gesetzlichen Richter (Art. 101 Abs. 1 Satz 2 GG) verstößt.[184] Das gilt erst recht, wenn der befangene Richter darüber hinaus auch noch als Berichterstatter fungiert.

V.

Resümee

Müller hatte sich im Saarland als »Meister der Manipulation« in Sachen staatlicher Politikfinanzierung erwiesen. Er hat mehrfach verfassungswidrige Politikfinanzierung mitinitiiert und -beschlossen und trägt die Mitverantwortung für ein nach Inhalt und Verfahren verfassungswidriges Fraktionsrechtsstellungsgesetz, von dem er bei der maßlosen Erhöhung der Fraktionszuschüsse profitiert hat, obwohl diese vom saarländischen Rechnungshof als rechtswidrig beanstandet worden war; in beiden Fällen wurden im Übrigen eine allgemeine Diskussion und die öffentliche Kontrolle verhindert. Müller trug die Verantwortung für eine staatlich finanzierte Regierungspropaganda, die das Verfassungsgericht des Saarlandes für verfassungswidrig erklärt hatte. Das war Verfassungsbruch und strafbare Untreue. Dennoch kam es nicht zu ernsthaften Sanktionen. Überall kam er ungestraft davon, weil er als Ministerpräsident und Parteivorsitzender die politischen Fäden in der Hand hielt – und auch die Staatsanwaltschaft politisch weisungsgebunden ist. Während der frühere Bundesinnenminister und Präsident des Bundesverfassungsgerichts Ernst Benda noch meinte, niemand könne »bewusst und vorsätzlich ein verfassungswidriges Gesetz wollen«,[185] hatte der Verfassungsrichter Peter Müller vor Antritt seines Amtes den Gegenbeweis geliefert.

Im hier besprochenen verfassungsgerichtlichen Verfahren (2 BvE 4/12) setzte er seinen Manipulationen noch die Krone auf, indem er in seiner Schlüsselstellung als Berichterstatter den Zweiten Senat dazu brachte, das gerichtliche Vorgehen gegen verfassungswidrige verschleierte Politikfinanzierung für unzulässig zu erklären.

Dass Peter Müller im genannten Gerichtsverfahren mitwirken und sogar die Schlüsselstellung eines Berichterstatters erlangen konnte, war das Ergebnis eines Zusammenwirkens von mehreren Regelungen, deren Problematik am vorliegenden Fall besonders deutlich wird: den Bestimmungen über die Richterwahl, die selbst die Wahl einschlägig belasteter hochrangiger Parteipolitiker ins Bundesverfassungsgericht erlauben, den gerichtsinternen Regeln über die Verteilung der Dezernate, den restriktiven Ausschluss- und Befangenheitsregeln für Bundesverfassungsrichter und ihrer leichtfertigen Interpretation durch die Richter selbst, die sich für bessere Menschen halten. Müller hat:

- durch Unterlassung der Antragstellung verhindert, dass der Senat ihn für befangen erklärte;
- an jenem Beschluss vom 15. Juli 2015 federführend mitgewirkt, der den Prozess kurzerhand beendete, sodass die Beschwerdeführerin überrascht wurde und ein Antrag der ÖDP, ihn für befangen zu erklären, nicht mehr gestellt werden konnte.

So kam es zu der überaus rechtsstaatswidrigen Situation, dass ein befangener Berichterstatter dieses Verfahren dirigieren konnte.

Teil C

Späterer erneuter Beschluss mit befangenem Berichterstatter

I.

Verdeckte Parteienfinanzierung zum Zweiten

In einem späteren, von mir persönlich initiierten Verfahren bei demselben Senat ging es unter anderem ebenfalls um verdeckte Parteienfinanzierung durch Fraktionen, Abgeordnetenmitarbeiter und parteinahe Stiftungen (2 BvC 46/14). Um endlich eine Sachentscheidung über deren verfassungswidrige Finanzierung zu erlangen, hatte ich die Bundestagswahl 2013 angefochten. Das Gericht aber wies meine Beschwerde hinsichtlich der Fraktions- und Stiftungsfinanzierung am 19. September 2017 als unzulässig zurück, und zwar wieder ohne mündliche Verhandlung; hinsichtlich der Bewilligung der Mitarbeiterfinanzierung erklärte der Senat mein Vorbringen für nicht ausreichend und verwarf den Antrag als offensichtlich unbegründet.[186] Erreicht wurde dies unter anderem durch Zurückstecken beim Grundsatz, dass Entscheidungen des Parlaments in eigener Sache einer verschärften Gerichtskontrolle unterliegen, also eines vom Senat früher selbst entwickelten Grundsatzes, den Müller schon in seinem Votum zur Drei-Prozent-Sperrklausel bei der Europawahl abgelehnt hatte. Und darin folgte der Senat ihm nun hinsichtlich verdeckter Parteienfinanzierung.

So verlangte Senat unter Verweis auf das ÖDP-Verfahren wieder Unmögliches, nämlich eine Gegenüberstellung des Finanzbedarfs, der für die Erfüllung der legitimen Aufgaben erforderlich ist, und der Höhe der tatsächlich festgesetzten Zuschüsse für Abgeordnetenmitarbeiter und Fraktionen.[187] Denn die Höhe des gerechtfertigten Bedarfs der Fraktion und der Stiftungen an Geld oder der Abgeordneten an Mitarbeitern und damit auch die Überhöhung lassen sich objektiv gar nicht feststellen (siehe S. 70 ff.).

Der Senat wies auch Fälle der Verwendung von Abgeordnetenmitarbeitern für Parteizwecke zurück, die in einer Sendung des Fernsehmagazins *Report Mainz* dargelegt worden waren. Dabei berief er sich auf die beigezogenen Ermittlungen der Staatsanwaltschaft gegen mehrere Abgeordnete wegen strafbarer Untreue und ihre staatsanwaltliche Einstellung mangels hinreichenden Tatverdachts,[188] ohne aber zu berücksichtigen, dass die Staatsanwaltschaft nur einen Teil der für *unser Thema* relevanten Tatumstände ermittelt hatte, der von ihr angelegte Maßstab also für unser Thema von vornherein unzureichend war.[189] Die Staatsanwaltschaft ist im Übrigen politisch weisungsgebunden und gerade in politischen Fragen nicht unabhängig.[190] Auch deshalb sollten ihre Ergebnisse einer verfassungsgerichtlichen Entscheidung nicht unbesehen zugrunde gelegt werden.

Der Senat lässt auch die Feststellung nicht zu, dass, wie von mir ausführlich begründet, die gesamte Öffentlichkeitsarbeit der Fraktionen verfassungswidrig ist und das Wahlergebnis durch sie offensichtlich beeinflusst worden sein kann.[191]

Die Parteien im Parlament haben ihren Fraktionen, Stiftungen sowie ihren Abgeordneten und deren Mitarbeitern immer größere Staatszuschüsse bewilligt, die indirekt auch ihnen selbst zugutekommen. Zugleich haben sie alle Grenzen und Kontrollen gezielt unterbunden, die gerade bei Entscheidungen des Parlaments in eigener Sache so wichtig sind. So haben sie ein ganzes Geflecht von kontroll- und grenzenloser »Selbstbedienung« geschaffen. Genau das aber ist der Missbrauch, den das Gericht am Beispiel der Fraktionsfinanzierung folgendermaßen beschrieben hat: »Übermäßige Zuwendungen«, die »durch ungenügende Voraussicht und Kontrolle« ermöglicht werden und »einem Missbrauch das Tor« öffnen »und so den Weg […] für eine verfassungswidrige Parteienfinanzierung« ebnen; diese seien unzulässig.[192] Genau diese Merkmale trafen auf das von den Parteien in eigener Sache errichtete missbräuchliche Geflecht zu (siehe S. 44–48)[193]. Doch der Senat hat dies übergangen. Er hat zwar die missbrauchsanfällige Situation und das erhebliche Kontrolldefizit beim Einsatz der Mitarbeiter festgestellt (siehe unten V), die übrigen Teile des Geflechts aber ausgelassen, zum Beispiel die Missbrauchsanfälligkeit und das Kontrolldefizit bei der Bewilligung der Mittel für Fraktionen, Stiftungen und Mitarbeiter.

II.

Die Angst der Richter vor der Macht

Doch auch im vorliegenden Verfahren war dem Senat der Missbrauch offenbar zu umfassend und zu gewaltig, als dass er gewagt hätte, dagegen Front zu machen. Auch wenn die Einstimmigkeit seines Beschlusses rechtliche Eindeutigkeit zu signalisieren schien, dürfte sich der Senat – aufgrund der gewaltigen politischen Implikationen, die ein positives Sachurteil gehabt hätte – wohl nur darin einig gewesen sein, die Sache *nicht* zu behandeln. Das war bereits das tragende Motiv des Senats bei seinem Beschluss vom 15.7.2015, wie ich in der damaligen Ausgabe dieses Buchs dargelegt hatte (siehe S. 96–103).

III.

Ein aufgebrachter Senat

Dass ich aber den Senat mit meiner Schrift von 2015 (siehe Teil A), die die Mängel des früheren Verfahrens schonungslos auflistete und das Zurückweichen des Senats vor der politischen Macht thematisierte, insgesamt gegen mich aufgebracht haben musste, bekam ich bei der kurz darauf stattfindenden Staatsrechtslehrertagung in Saarbrücken zu spüren. Der Präsident des Bundesverfassungsgerichts, der gleichzeitig Vorsitzender des Zweiten Senats war, sei nicht gerade erfreut, wurde mir von verschiedener Seite mitgeteilt. So dürfte es Peter Müller dann im Wahlanfechtungsverfahren, in dem er ebenfalls Berichterstatter war, erleichtert worden sein, seinen abweisenden Beschluss im Senat durchzubringen.

IV.

Keine Besorgnis der Befangenheit Müllers?

Den Antrag, Müller wegen Besorgnis der Befangenheit auszuschließen, den ich aus den oben S. 110 ff. genannten Gründen natürlich stellte und in drei Schriftsätzen umfassend begründete,[194] hielt Müller nicht für stichhaltig, ohne dies auch nur im Geringsten zu begründen. Er erklärte lediglich:

»Die vorgetragenen Tatsachen treffen zu. Anhaltspunkte für eine Befangenheit sind mir nicht ersichtlich.«[195]

Der Senat ging bei der Ablehnung meines Befangenheitsantrags[196] nicht darauf ein, dass Müller in Ausnutzung seiner Stellung als Fraktionsvorsitzender und später als Ministerpräsident mehrfach verfassungswidrige verschleierte Politikfinanzierung betrieben und Verfassungsbruch sowie strafbare Untreue begangen hatte, wodurch er sich disqualifiziert hatte, über die Verfassungswidrigkeit verschleierter Politikfinanzierung zu richten. Ebenso wenig wurde erörtert, dass Müller als Ministerpräsident und Parteivorsitzender alle Machtmittel des Parteienstaates in der Hand hatte und deshalb keine ins Gewicht fallenden Sanktionen zu befürchten brauchte, was ebenfalls seine Befangenheit bei Beurteilung der Kontrolle von Parteienmacht besorgen ließ.

Vor allem dürfte der Senat sich durch das trotz seiner Befangenheit unbehelligte Wirken Müllers als Richter und Berichterstatter im vorangegangenen ÖDP-Verfahren *präjudiziert* gefühlt haben. Hätte er nämlich die Ablehnung Müllers wegen Besorgnis der Befangenheit im nunmehrigen Wahlanfechtungsverfahren akzeptiert, wäre klar gewesen, dass dieser auch schon im ÖDP-Verfahren befangen gewesen war und dennoch als Berichterstatter bereits den damaligen Beschluss mitgeprägt hatte. Das hätte für jedermann die inhaltlichen und formalen Mängel des ÖDP-Verfahrens offensichtlich gemacht, und die damals von mir erhobenen Vorwürfe wären voll bestätigt worden.

V.

Kontrolldefizit nur bei Verwendung von Abgeordnetenmitarbeitern?

Immerhin gab der Senat mir in einem Punkte recht. Er stellte beim Einsatz von Abgeordnetenmitarbeitern »in hohem Maße missbrauchsanfällige Situationen« fest, die wirksame Kontrollen verlangten, und gab dem Bundestag auf, das Kontrolldefizit durch ergänzende Regelungen zu beseitigen.[197] Ausreichende Gegenmaßnahmen stehen aber auch hier immer noch aus.[198] Vor allem fehlt die Pflicht der Abgeordneten, über die Verwendung ihrer Mitarbeiter öffentlich Rechenschaft zu geben, die schon die vom früheren Bundespräsidenten Richard von Weizsäcker eingesetzte Parteienfinanzierungskommission angemahnt hatte.[199]

Ein ähnliches Missverhältnis von dringender Kontrollnotwendigkeit und praktischer Kontrolllosigkeit besteht auch in *Bundesländern*, und zwar nicht nur bei der Verwendung der Mitarbeiter, sondern, wie beim Bund, auch bei der Bewilligung der Mittel – und das eben auch bei der *Bewilligung* von Mitteln für *Fraktionen* und *Parteistiftungen* (siehe S. 36 f., 82 ff.). Doch davor, gegen dieses Missbrauchssystem insgesamt vorzugehen, scheut der Senat zurück.

Endnoten

1 BVerfGE 85, 264 (290): »Gewönne der Bürger den Eindruck, die Parteien ›bediente‹ sich aus der Staatskasse, so führte dies notwendig zu einer Verminderung ihres Ansehens und würde letztlich ihre Fähigkeit beeinträchtigen, die ihnen von der Verfassung zugewiesenen Aufgaben zu erfüllen.«

2 Zu den »parties in parliament« zählen unter anderem Fraktionen, Abgeordnetenmitarbeiter und parteinahe Stiftungen, diese zumindest mit den Globalzuschüssen.

3 Die Antragsschrift und die Schriftsätze der ÖDP sowie der Beschluss in der ursprünglichen, unredigierten elektronischen Fassung können im Internet aufgerufen werden: https://www.oedp.de/aktuelles/aktionen/verdeckte-parteienfinanzierung/ oder: https://www.uni-speyer.de/lehrstuehle/level-2-3/ehemalige-lehrstuhlinhaber/innen/prof-dr-hans-herbert-von-arnim/veroeffentlichungen

4 Nordrhein-Westfälischer Verfassungsgerichtshof, Urteil vom 6.7.1999 (VerfGH 14 und 15/98), NVwZ 2000, 666.

5 BVerfGE 130, 212.

6 BVerfGE 111, 382.

7 BVerfGE 20, 56 (117 f.); 24,300 (339–343).

8 Die Erklärung ist zum Beispiel auf der Homepage der Konrad-Adenauer-Stiftung abrufbar.

9 Abschnitt 3. Ne 1 der Erklärung.

10 BVerfGE 20, 56 (104); 80, 188 (231).

11 BVerfGE 40, 296 (327).

12 Thüringer Verfassungsgerichtshof, Urteil vom 14.7.2003 (VerfGH 2/01), NVwZ-RR 2003, 793 (794) = LVerfGE 14,459 (467).

13 Vorsitzender der Kommission war der frühere Präsident des Bundesverwaltungsgerichts Horst Sendler.

14 Bundespräsidialamt (Hrsg.), Empfehlungen der Kommission unabhängiger Sachverständiger zur Parteienfinanzierung (Sendler-Kommission), Baden-Baden 1994, S. 86.

15 BVerfGE 80, 188 (214). Siehe auch die Kritik des Bundesrechnungshofs an der Einschränkung der Finanzkontrolle der Fraktionen in § 53 Abs. 2 AbgG unter Hinweis auf Art. 114 Abs. 2 GG und BVerfGE 80, 188 (214): Bundestagsdrucksache 12/5650, S. 11.

16 So zum Beispiel der damalige Parlamentarische Geschäftsführer und spätere Vorsitzende der SPD-Fraktion Dr. Peter Struck, Erste Lesung des Gesetzentwurfs eines Fraktionsgesetzes (als Teil des Abgeordnetengesetzes) der CDU/CSU, SPD und FDP vom 20.4.1993, Bundestagsdrucksache 12/4756, Plenarprotokoll, S. 13.216: »Es ist absolut falsch [...], wir würden uns mit diesem Gesetz gegen Vorschläge dieser Kommission aussprechen.«

17 BVerfGE 125, 175 (226).

18 BVerfGE 80,188 (2L4). Siehe auch BVerfGE 20, 56 (102).

19 Der Beschluss ist von sieben Richtern und Richterinnen unterschrieben. Der am l. Oktober 2014 in den Zweiten Senat eingetretene Richter Dr. Ulrich Maidowski hat nicht daran mitgewirkt.

20 § 32 Abs. l GO BVerfG: »Presseverlautbarungen über ergangene Entscheidungen bedürfen der Billigung des Berichterstatters und des Vorsitzenden und dürfen erst hinausgegeben werden, wenn anzunehmen ist, dass die Entscheidung den Prozessbeteiligten zugegangen ist.« Siehe auch Lechner/Zuck, Bundesverfassungsgerichtsgesetz, Kommentar, 5. Aufl., 2006, § 30, Rn. 12: »Es sollte ein nobile officium des Gerichts sein, die Medien nicht vor den Beteiligten zu informieren.«

21 Der Zugang erfolgte erst am 5.8.2015.

22 So war zum Beispiel in Rn. 70 auf die folgenden Abschnitte aa), bb) und cc) hingewiesen, ohne dass Abschnitte mit diesen Bezeichnungen folgten. – Einige Tage später wurden diese Mängel der Internetfassung beseitigt. Zur Fundstelle der unredigierten Fassung siehe oben Fußnote 3.

23 Wolfgang Janisch, Karlsruhe zu nah an Berlin 7, Verfassungsrichter Gerhardt nimmt Abschied und mahnt, Süddeutsche Zeitung Nr. 246 vom 25./26.10.2014, S. 8.

24 Wolfgang Janisch, Bundesverfassungsgericht. In eigener Sache, Süddeutsche Zeitung vom 25./26.10.2014, S. 4.

25 Janisch, Süddeutsche Zeitung vom 25./26.10.2014, S. 4.

26 SaarlVerfGH, Urteil vom 1.7.2010 – Lv 4/09: »Es wird festgestellt, dass die Antragsgegnerin [gemeint war die Landesregierung des Saarlandes] dadurch gegen das Gebot der Neutralität des Staates im Wahlkampf (Art. 60 Abs. l und Art. 61 Abs. 1 SVerf) und den Grundsatz der Chancengleichheit bei Wahlen (Art. 63 Abs. 1 SVerf i. V. m. Art. 21 Abs. 1 GG) verstoßen hat, dass sie vor der Landtagswahl vom 30.8.2009 durch die Publikation der Broschüre »S l – aber sicher« und durch die Veröffentlichung der Anzei-

genserie »Der Ministerpräsident informiert« [...] sowie durch den Brief des Ministerpräsidenten vom Mai 2009, der den Gehaltsabrechnungen der Beschäftigten des Landes beigefügt war, werbend in den Wahlkampf eingegriffen hat.«

27 Siehe § 19 Abs. 2 Satz 3 BVerfGG: »Die Ablehnung ist unbeachtlich, wenn sie nicht spätestens zu Beginn der mündlichen Verhandlung erklärt wird.« Dazu BVerfGE 2, 296 (296 f.): »Die Ablehnung kann nach§ 19 Abs. 2 Satz 3 BVerfGG vom Beginn des Verfahrens an bis zum Beginn der mündlichen Verhandlung jederzeit erklärt werden, ohne dass es darauf ankommt, wann der Ablehnende vom Ablehnungsgrund Kenntnis erhalten hat.«

28 Siehe oben Fußnote 3.

29 Siehe Antragsschrift, S. 27 f.

30 Antragsschrift, S, 26–28 und S, 44.

31 Antragsschrift, zum Beispiel S. 88.

32 BVerfGE 80, 188 (214).

33 Siehe Bundesrechnungshof, Bemerkungen 2014 zur Haushalts- und Wirtschaftsführung des Bundes, S. 344.

34 So ausdrücklich Bundestagsdrucksache 12/5650, S. 11.

35 Siehe Antragsschrift, S. 23 f. mit Nachweisen.

36 Siehe Antragsschrift, S. 57 mit Anlage 9: § 2 des Musterarbeitsvertrages.

37 Siehe Antragsschrift, S. 57 mit Anlage 10: Nr. 6 der Ausführungsbestimmungen für den Ersatz von Aufwendungen für die Beschäftigung von Mitarbeitern.

38 Antragsschrift, S. 49–58.

39 Siehe auch GRECO, Transparenz der Parteienfinanzierung, Dritte Evaluierungsrunde, Umsetzungsbericht zu Deutschland vom 9.12.2011, Nr. 59: GRECO empfiehlt, »sicherzustellen, dass die mit der Aufsicht der Parteienfinanzierung betraute Stelle über ein ausreichendes Maß an Unabhängigkeit verfügt«.

40 Siehe zum Beispiel Schriftsatz der ÖDP vom 12.12.2013, S. 7–9 mit Nachweisen.

41 Siehe Antragsschrift, S. 86 mit Anlage 16.

42 Bundestagsdrucksache 12/5659, S. 11.

43 Antragsschrift, S. 85 f.

44 Antragsschrift, S. 86 mit Anlage 16.

45 Antragsschrift, S. 86.

46 BVerfGE 80,188 (214): »Der Bundesrechnungshof ist [...] verpflichtet, die ordnungsgemäße Verwendung der Fraktionszuschüsse [...] regelmäßig nachzuprüfen, Verstöße [...] aufzudecken und zu beanstanden, gegebenenfalls Abhilfevorschläge zu unterbreiten und Beanstandungen in den jährlichen [zu veröffentlichenden] Prüfungsbericht aufzunehmen (Art. 114 Abs. 2 Grundgesetz).«

47 Holger Grewe, Die Änderung der BHO: Eingeschränkter Informationszugang gegenüber dem Bundesrechnungshof unter Aufgabe der Regelungsystematik des IFG?, NVwZ 2014, 275.

48 von Arnim, Staatslehre der Bundesrepublik Deutschland, 1984, S. 413–416 mit weiteren Nachweisen.

49 Antragsschrift, S. 91, und Schriftsatz vom 7.1.2015.

50 Antragsschrift, S. 24 und 51 ff.

51 Peter Lösche, in: ders. (Hrsg.), Zur Lage des deutschen Regierungssystems, 2002, 60: Abgeordnetenmitarbeiter stellen »heute das eigentliche organisatorische Rückgrat der Parteien« dar.

52 Antragsschrift, S. 54–56 mit Anlage 8.

53 Antragsschrift, S. 23

54 So zum Beispiel der frühere Bundesgeschäftsführer der CDU, Peter Radunski, Fit für die Zukunft?, Die Sonde 199 1/4, 3 (5). Zustimmend auch für die SPD: Peter Lösche, Die SPD nach Mannheim, Aus Politik und Zeitgeschichte B/96 vom 2.2.1996, 20 (27 f.).

55 Werner Schulz bei der zweiten Beratung des Fraktionsgesetzes des Bundes (Bundestag, Stenografisches Protokoll 12/155, S. 16.420). Siehe Antragsschrift, S. 90.

56 Siehe Antragsschrift, S. 81–84.

57 S. 91.

58 Insbesondere im Schriftsatz vom 7.1.2015, der wie alle Schriftsätze der ÖDP im Internet abrufbar ist, siehe oben Fußnote 3.

59 Siehe Schriftsatz der ÖDP vom 7.1.2015.

60 BVerfGE 125, 175 (226).

61 BVerfGE 125, 175 (224).

62 BVerfGE 125, 175 (250). So auch BVerfG, NJW 2014, 3425 (3427 = Rn. 83).

63 BVerfGE 125, 175 (246).

64 BVerfGE 125, 175 (226).

65 Schriftsatz der ÖDP vom 7.1.2015, S. 8 f.
66 Ebenfalls Schriftsatz vom 7.1.2015, S. 8 f., unter Bezug auf frühere Darlegungen: S. 1.
67 BVerfGE 2, 1 (Leitsatz 1 und S. 13).
68 BVerfGE 85, 264 (297); 111, 382 (398). Siehe auch BVerfGE 44, 125 (139 und 145).
69 Schriftsatz der ÖDP vom 7.1.2015, S. 4-6.
70 Schriftsatz der ÖDP vom 7.1.2015, S. 5.
71 BVerfGE 73, 1.
72 Das Gericht schließt sich damit der Behauptung des Bundestags in seinem Schriftsatz vom 26.4.2013 und der Behauptung der CDU/CSU-Fraktion in ihrem Schriftsatz vom 3.5.2013 an. Der Bundestag hatte behauptet (S. 28–30), die ÖDP habe weder dargelegt, dass das Urteil von 1986 überholt sei, noch dass die dem vorliegenden Verfahren zugrunde liegende Situation von der damaligen abweiche. Die CDU/CSU-Fraktion meinte, die ÖDP habe keinen Grund genannt, aus welchem das Stiftungsurteil überholt sein könne (S. 34–37). Auf die Einwände des Bundestags und der CDU/CSU-Fraktion war die ÖDP in ihrer Antragsschrift und in ihren Schriftsätzen umfassend eingegangen und halle sie widerlegt. Siehe sogleich im Text mit Fußnoten 73 ff.
73 S. 24 f., 59–61.
74 So, wie erwähnt, im Schriftsatz vom 19.9.2013 (S. 6 f., 10 f., 14, 36 f.), im Schriftsatz vom 12.12.2013 (S. 2 f., 6 sowie 17–19) und im Schriftsatz vom 15.6.2015 (durchgehend).
75 BVerfGE 7 1, l (38).
76 BVerfGE 120, 82 (105, ll3 f.).
77 Siehe zum Beispiel Schriftsatz der ÖDP vom 15.6.2015, S. 5.
78 BVerfGE 51, 222.
79 BVerfGE 129, 300.
80 BVerfGE 135, 259.
81 BVerfGE 73, 40.
82 BVerfGE 85, 264 (312 ff.).
83 BVerfGE 20, 56 (113 ff.).
84 BVerfGE 20, 56 (102 ff.).
85 BVerfGE 20, 56 (112).
86 BVerfGE 85, 264.

87 Schriftsatz vom 15.6.2015, S. 6-8. Der Schriftsatz kann, wie alle Schriftsätze der ÖDP, im Internet abgerufen werden (siehe oben Fußnote 3).

88 Zum Beispiel Göttrick Wewer, Die »Stiftungen« der Parteien: Weltweite Aktivitäten, aber geringe Transparenz, in: Peter Haungs/Eckhard Jesse (Hrsg.), Parteien in der Krise?, 1987, 215 (217 ff.); Christine Landfried, Parteienfinanzierung und politische Macht, 1990, 110; Michael Pinto-Duschinsky, German Party Foundations, 1991, 190; Uwe Günther/Michael Vesper, Wie weiter mit dem Stiftungsgeld?, ZRP 1994, 289 (290 f.); Bundespräsidialamt {Hrsg.), Empfehlungen der Kommission unabhängiger Sachverständiger zur Parteienfinanzierung, 1994, 88; Rolf Ebbighausen u. a., Die Kosten der Parteiendemokratie, 1996, 239 ff. (265); Michael Sikora, Politische Stiftungen – vita activa der Parteipolitik oder vita contemplativa der politischen Erkenntnis?, 1997, 29; Andreas Kießlinger, Das Recht auf politische Chancengleichheit, 1998, 118 f.; Heike Merten, Parteinahe Stiftungen im Parteienrecht, 1999, 137 f. Siehe auch schon Peter Lösche, Wovon leben die Parteien, 1984, 76 f.

89 Siehe Schriftsatz der ÖDP vom 15.6.2015, S. 9.

90 BVerfGE 73, 1 (27 ff.).

91 So Antragsschrift, S. 34–36 und 89 f.

92 Antragsschrift, S. 71–73.

93 Antragsschrift, S. 70 f.

94 Antragsschrift, S. 84–89.

95 Antragsschrift, S. 77–80; Schriftsatz vom 19.9.2013, S. 26–33.

96 Zusammenfassend: Schriftsatz vom 19.9.201 3, S. 38–42.

97 BVerfGE 40, 296 (327).

98 BVerfGE 120, 82 (105); 129, 300 (322 f.); 130, 212 (229); 135, 259 (289).

99 Siehe das Minderheitsvotum von Peter Müller zum Urteil zur Drei-Prozent-Klausel bei Europawahlen, BVerfGE 135, 259 (303 f.): Eine strenge gerichtliche Kontrolle ergebe sich auch nicht daraus, dass »die parlamentarische Mehrheit gewissermaßen in eigener Sache tätig werde.« Denn »die vorliegend an der Gesetzgebung zur Wahl des Europäischen Parlaments beteiligten nationalen Mandatsträger [seien] in ihrem Abgeordnetenstatus nicht unmittelbar betroffen.« Siehe auch das Minderheitsvotum von DiFabio/Mellinghoff zum Urteil zur Fünf-Prozent-Klausel, BVerfGE 129, 300 (321 f.): »Eine strengere Prüfung ist auch nicht deshalb verlangt, weil Parteien als Fraktionen im Parlament gleichsam in eigener Sache entscheiden würden.«

100 Siehe auch Martin Will, Nichtigkeit der Drei-Prozent-Klausel bei Europawahlen, NTW 2014, 1421 (1423); von Arnim, Entscheidungen des Parlaments in eigener Sache: Das Problem ihrer gerichtlichen Kontrolle, DÖV 2015, 537.

101 So aber auch der Vortrag des Bundestags, dem die ÖDP ausführlich entgegengetreten war: Schriftsatz der ÜDP vom 19.9.2013, S. 38–42.

102 BVerfGE 40, 296 (327) . Siehe dazu die Antragsschrift, zum Beispiel, S. 65 f.

103 BVerfGE 120, 82 (105); 129, 300 (322 f.); 130, 212 (229); 135, 259 (289, Rn. 57). Siehe dazu Antragsschrift, zum Beispiel S. 34.

104 BVerfGE 73, 1 (38).

105 BVerfGE 11, 218 (220); 81, 97 (107); 96, 205 (216).

106 BVerfGE 11, 218 (219); 81, 97 (107).

107 Lechner/Zuck, BVerfGG, Kommentar, 5. Aufl., 2006, § 24, Rn. 19.

108 Schulze-Filitz, in: Horst Dreier (Hrsg.), Bd. III, 2. Aufl. 2008, Art. 103, Rn. 79.

109 BVerfGE 47, 182 (1 88). Siehe auch BVerfGE 22,267 (274); 96,205 (2 16 f.).

110 BVerfGE 88, 366 (375 f.).

111 BVerfGE. 6, 12 (l4); l80 (189).

112 BVerfGE 86, 133 (144 f.); 98, 218 (263).

113 BVerfGE 86, 133 (145 f.).

114 BVerfG (3. Kammer des Zweiten Senats), NJW 1997, 187.

115 Siehe Antragsschrift, S. 44.

115a Hans-Jürgen Papier, Rechtsschutzgarantie gegen die öffentliche Gewalt in: Josef Isensee/Paul Kirchhof (Hrsg.), Handbuch des Staatsrechts, Bd. VIII, 3. Aufl, 2010, § 177, Rn. 16.

116 Siehe die umfangreichen Nachweise in der Antragsschrift, S. 39–42.

117 Heiner Geißler, in: Dimitris Th. Tsatsos (Hrsg.), Politikfinanzierung in Deutschland und Europa, 1979, S. 34.

118 Peter Radunski, Fit für die Zukunft? Die Volksparteien vor dem Superwahljahr 1995, Die Sonde 1991/4, 3 (5).

119 Wolfgang Janisch, Karlsruher Prügelknaben, Süddeutsche Zeitung vom 18.3.2014.

120 Siehe von Arnim, Kritisches zur Kritik der Sperrklausel-Rechtsprechung des BVerfG, DÖV 2014, 1489 (1495).

121 So zum Beispiel die Bundestagsabgeordnete Halina Wayzyniak (Die Linke), zitiert in: Jochen Gangele/Günther Lachmann, Verfassungsrichter erleben Sturm der Entrüstung, Die Welt online vom 16.3.2014.

122 »Lammert empört«, Süddeutsche Zeitung vom 1.3.2014, S. 5; Christian Rath, »Hürdenlos nach Straßburg«, Das Parlament vom 17.3.2014, S. 6.

123 Volker Kauder, in: Welt am Sonntag vom 16.3.2014, S. 4.

124 »Röttgen kritisiert Karlsruher Urteil«, Süddeutsche Zeitung vom 3.3.2014, S. 5.

125 »Ketten für Karlsruhe«, Der Spiegel 15/2014 vom 7.4.2014, S. 14.

126 So ebenfalls Der Spiegel 15/2014 vom 7.4.201 4, S. 14.

127 »Seehofer will Sperrklausel sichern«, Der Spiegel 12/2014 vom 17.3.2014, S. 15.

128 »Noch nicht vom Tisch«, Der Spiegel 10/2014 vom 3.3.2014, S. 14.

129 Der Spiegel 15/2014, a .a. 0.

130 Dazu von Arnim, Zum Regierungsentwurf eines vierten Gesetzes zur Änderung des Gesetzes über das Bundesverfassungsgericht, 1970.

131 Der Begriff geht zurück auf das Verb »to dock«, das »kürzen« bedeutet, zum Beispiel den Schwanz eines Hundes oder Pferdes. Ein Synonym ist das sog. Certiorari-System, mittels dessen der amerikanische Supreme Court eine Vorabprüfung vornimmt, um zu entscheiden, ob er einen Fall behandelt.

132 Morten Broberg/Niels Fenger, Das Vorabentscheidungsverfahren vor dem Gerichtshof der Europäischen Union, 2014, S. 40.

133 Thijmen Koopmans, The Future of the Court of Justice of the European Communities, in: Barav/Wyatt (eds.), Yearbook of European Law, 1991, 16 (30): »Certiorari may have the effect of stimulating the Judge« tendency to take things easy by not taking awkward or very difficult cases. There is some American evidence to that effect. A famous example is the refusal by the Supreme Court in the sixties to take cases on the constitutionality of the Vietnam war, a subject which bad been hotly debated in the States. Certiorari means indeed that a court can dodge perilous questions; and it can occasionally be tempted to do so.«

134 David Fontana, Docket Control and the Success of Constitutional Courts, in: Tom Ginsburg/Rosalind Dixon (eds.), Comparative Constitutional Law, 2011, 624: »Giving courts docket control permits them to limit the sheer number of major issues they are deciding, which permits them to avoid excessive political fights, and gives them an agenda control power that allows them to compete on more equitable terms with the other branches of govermen«

135 Broberg/Fenger, 40 ff.

136 In der Begründung des Regierungsentwurfs vom 28.3.1950 (Bundestagsdrucksache Nr. 788, S. 27) zum heutigen § 24 BVerfGG (damals: § 20) heißt es: »Die Vorschrift dient der Entlastung des Gerichts. Ein Missbrauch dieser Erleichterungen ist nicht zu befürchten, weil der Beschluss, durch den ein Antrag als [...] unzulässig [...] verworfen wird, einstimmig gefasst werden muss« (Hervorhebung im Original).

137 BVerfGE 107, 395 (408).

138 SaarlVerfGH, Urteil vom 1.7.2010 - Lv 4/09.

139 BVerfGE 44,125.

140 EuGH, Urteil vom 27.5.2019 - C-508/18, C-82/19 PPU, Beck RS 2019, 9722.

141 Urteil des Verfassungsgerichtshofs des Saarlandes vom 1.7.2010, Umdruck, S. 15 ff.

142 Dafür reicht auch bedingter Vorsatz: Stelkens, U. in Wendt/Rixecker: *Verfassung des Saarlandes. Kommentar*, Verlag Alma Mater, Saarbrücken, 2009, Art. 94, Rn. 2.

143 Siehe Pressemeldung des Bundestags vom 13.4.2012.

144 SaaarlVerfGH, Urteil vom 29.9.2011 - Lv 4/11.

145 Gesetzentwurf der Fraktionen von SPD, CDU und Bündnis 90/Die Grünen vom 16. 9.1996, Landtagsdrucksache 11/856.

146 Vergleiche im Einzelnen den Schriftsatz des Verfassers vom 24.10.2015.

147 Landtag des Saarlandes, 11. Wahlperiode, 28. Sitzung am 18.9.1996, S. 1430, und 31. Sitzung am 13.11.1996, S. 1605.

148 Von Arnim, H. H.: Die Hebel der Macht und wer sie bedient, Heyne Verlag, München, 2017, S. 61 f.

149 Dieses war 1995 als elfter Abschnitt ins Abgeordnetengesetz eingefügt worden.

150 Das gilt jedenfalls in Organstreitverfahren wie dem vorliegenden.

151 Von Arnim, H. H.: *Der Verfassungsbruch*, Duncker und Humblot Verlag, Berlin, 2011, 45 f.

152 BVerfGE 40, 296 (327).

153 Von Arnim, H. H., a.a.O., Anm. 180.

154 Presseerklärung des Rechnungshofs vom 18.2.2014, S. 3. In Reaktion auf die Kritik des Rechnungshofs kürzte der Landtag im Haushaltsplan 2014 die Zuschüsse um die Hälfte der rechtswidrigen Bestandteile.

155 BVerfGE 102, 122 (126).

156 BVerfGE 135, 248 (257 f., Rn. 25 f.)

157 Triepel, H.: *Wesen und Entwicklung der Staatsgerichtsbarkeit*, Veröffentlichungen der Vereinigung der Staatsrechtslehrer 5, De Gruyter, Berlin,1929, S. 2 (27).

158 *n-tv.de* vom 10.12.2010 (aufgerufen 3. Juli 2020).

159 BVerfGE 129, 300 (Fünf-Prozent-Klausel); 135, 229 (Drei-Prozent-Klausel).

160 Lübbe-Wolff, G.: *Wie funktioniert das Bundesverfassungsgericht?*, V&R unipress, Osnabrück, 2015, 16.

161 Ebenda, S. 16 f.

162 BVerfGE 46, 34 (37 ff.).

163 BVerfGE 109, 130 (131). Siehe auch Heusch, A. in: Burkiczak/Dollinger/Schorkopf (Hrsg.): *Bundesverfassungsgerichtsgesetz (Heidelberger Kommentar)*, C. F. Müller, Heidelberg, 2015, § 18 Rn. 17.

164 BVerfGE 135, 248 (257). Ebenso 73, 330 (335); 82, 30 (37 f.).

165 BVerfGE 135, 248 (257). Ebenso BVerfGE 82, 30 (38 f.) mit weiteren Nachweisen.

166 Siehe erneut BVerfGE 46, 34 (37 ff.).

167 BVerfGE 46, 34 (42): »Die Weigerung, sich selbst für befangen zu erklären, obwohl ein Fall der Befangenheit im Sinne des Gesetzes eindeutig vorliegt, wäre eine grobe Pflichtverletzung im Amt.« Heusch, A. in: Burkiczak/Dollinger/Schorkopf (Hrsg.): *Bundesverfassungsgerichtsgesetz (Heidelberger Kommentar)*, C. F. Müller, Heidelberg, 2015; § 19 Rn. 43: »Weigert sich ein Richter, sich selbst für befangen zu erklären, obgleich ihm Umstände bekannt sind, die die berechtigte Besorgnis der Befangenheit begründen können, begeht er eine grobe Pflichtverletzung im Amt.« Siehe ebenso Lenz/Hansel: *Bundesverfassungsgerichtsgesetz*, 2. Auflage Nomos Verlag C. H. Beck, Baden-Baden, 2015, § 19 Rn. 26.

168 Klein, E.: in: Benda/Klein (Hrsg.): *Verfassungsprozessrecht*, C. F. Müller, Heidelberg, 3. Aufl., 2012, Rn. 250 (zu § 19 Abs. 3 BVerfGG): »Der Richter ist verpflichtet, dem entscheidenden Spruchkörper die Umstände mitzuteilen, die zur Begründung der Besorgnis der Befangenheit geeignet sein können.« Dabei sieht das Gericht allerdings die Selbstanzeige von Umständen, die Anlass geben, eine Entscheidung über die Befangenheit des Richters zu treffen, bereits als Selbstablehnung im Sinne des § 19 Abs. 3 BVerfGG an (BVerfGE 102, 192 [194]; 108, 122 [126]; 109, 130 [131 f.]). Die Folge davon ist, dass die Pflicht zur Mitteilung der Umstände in die Pflicht zur Selbstanzeige übergeht.

169 Lechner/Zuck(Hrsg.): *Bundesverfassungsgerichtsgesetz. Kommentar*, C. H. Beck, München, 8. Aufl., 2019, § 19 Rn. 12: »Die Selbstablehnung ist kein gerichtliches Internum. Art. 103 Abs. 1 GG gebietet, dass die Anzeige den Verfahrensbeteiligten mitgeteilt wird und diese Gelegenheit zur Stellungnahme erhalten. BVerfGE 89, 28.«

170 So auch Klein, E., a.a.O. Anm. 197, Rn. 251; Heusch, A., a.a.O. Anm. 196, § 19 Rn. 41; Lamprecht, R., NJW 1993, 2222 (2223). Siehe auch BVerfGE 89, 359 (361); 102, 122 (124), wo eine solche Mitteilung an die Beteiligten erfolgte.

171 Siehe unten S. 141.

172 Heusch, A., a.a.O. Anm. 196, § 19 Rn. 43.

173 BVerfGE 46, 34 (42).

174 § 105 Abs. 1 Nr. 2 BVerfGG.

175 § 105 Abs. 2 und 4 BVerfGG. Näheres in §§ 49–54 der Geschäftsordnung des Bundesverfassungsgerichts.

176 Burkiczak, in: ders. u.a. (Hrsg.), a.a.O. Anm. 196, § 105 Rn. 2.

177 Zudem waren die oben S. 114 ff. und S. 116 f. genannten Umstände der ÖDP damals noch nicht bekannt.

178 BVerfGE 35, 171 (173 f.).

179 Beispielsweise Wand, W. R.: »Zum Begriff »Besorgnis der Befangenheit« in § 19 des Gesetzes über das Bundesverfassungsgericht« in: Rüthers, B., Stern, K. (Hrsg.): *Freiheit und Verantwortung im Verfassungsstaat. Festgabe zum 10jährigen Jubiläum der Gesellschaft für Rechtspolitik*, C. H. Beck Verlag, München, 1984, 515 ff. Wand war selbst 1970–1983 Bundesverfassungsrichter gewesen und hat seine Kritik auch in einem Minderheitsvotum dargelegt: BVerfGE 35, 171 ff.

180 Pestalozza, C.: *Verfassungsprozessrecht*, 1991, § 2 Rn. 48.

181 Klein,E., a.a.O., Rn. 244.

182 Lamprecht, P.: *Befangenheit an sich: Über den Umgang mit einem prozessualen Grundrecht*, NJW 1993, 2222.

183 Beispielsweise BVerfGE 40, 356 (360 ff.). Siehe auch Lamprecht, a.a.O., NJW 1993, 2222 f.

184 BVerfG (K), Beschluss vom 28.4.2011, 1 BvR 2411/10, Juris, Rn. 18 zu §§ 44 ff. ZPO und § 54 VwGO.

185 Ernst Benda, E. in: Hahnstock (Hrsg.): *Der Rechtsstaat der Krise*, 1972, 301 (304).

186 BVerfGE 146, 327.

187 BVerfGE 146, 327 (Rn 94).

188 BVerfGE 146, 327 (Rn 30 ff., 102 ff.).

189 *www.uni-speyer.de/fileadmin/Ehemalige/Hans_Herbert_von_Arnim/2016.11.09_Stellungnahme.pdf* (aufgerufen 3. Juli 2020).

190 So mit Recht EuGH, Urteil vom 27.5.2019 - C - 508/18, C - 92/19 PPU, Beck RS 2019, 9722.

191 BVerfGE 146, 327 (Rn 55 f.).

192 BVerfGE 80, 188 (214). Siehe auch BVerfGE 20, 56 (102).

193 Siehe auch von Arnim, H. H.: *Die Hebel der Macht*, 2017, S. 145–163; ders.: »Parteienfinanzierung in Deutschland - Eine Kritik« (demnächst in: DÖV 2020).

194 Schriftsatz des Verfassers vom 16.9.2015: *www.uni-speyer.de/fileadmin/Ehemalige/Hans_Herbert_von_Arnim/2015_9_17_Befangenheit.pdf*; Schriftsatz des Verfassers vom 7.10.2015: *www.uni-speyer.de/fileadmin/Ehemalige/Hans_Herbert_von_Arnim/2015_10_5_SchrS_BefMueller.pdf*; Schriftsatz des Verfassers vom 24.10.2015: *www.uni-speyer.de/fileadmin/Ehemalige/Hans_Herbert_von_Arnim/2015_10_22_Abl_Mue_III.pdf* (alle aufgerufen 3. Juli 2020).

195 Schreiben des Präsidenten des Bundesverfassungsgerichts vom 8. Juni 2016 an den Verfasser als Beschwerdeführer: *www.uni-speyer.de/fileadmin/Ehemalige/Hans_Herbert_von_Arnim/201677BVerfG862016.pdf* (aufgerufen 3. Juli 2020).

196 Beschluss vom 19.7.2016, BVerfGE 142, 302.

197 BVerfGE 146, 327 (Rn. 112-114).

198 Näheres bei von Arnim, H. H.: *Mangelnde Kontrolle von Abgeordnetenmitarbeitern*, DVBl 2019, 8 ff.

199 Bundespräsidialamt (Hrsg.): *Empfehlungen der Kommission unabhängiger Sachverständiger zur Parteienfinanzierung*, Nomos Verlag, Baden-Baden, 1994, S. 109 f.

Hans Herbert von Arnim, Jahrgang 1939, studierte in Heidelberg Rechts- und Wirtschaftswissenschaften. Nach den juristischen Staatsexamen und dem volkswirtschaftlichen Diplom promovierte er dort im Arbeitsrecht über *Die Verfallbarkeit betrieblicher Ruhegeldanwartschaften.* Von 1968 bis 1978 sammelte er als Leiter des Karl-Bräuer-Instituts des Bundes der Steuerzahler auch politische Erfahrung. 1976 habilitierte er sich mit der Arbeit *Gemeinwohl und Gruppeninteressen* an der Universität Regensburg für Staats- und Verwaltungsrecht, Finanz- und Steuerrecht. Nach einer Professur in Marburg hatte er seit 1981 den Lehrstuhl für Öffentliches Recht und Verfassungslehre an der Deutschen Hochschule für Verwaltungswissenschaften Speyer inne. 1993–1995 war er Rektor der Hochschule und damals auch Richter am Verfassungsgericht Brandenburg. Rufe an andere Universitäten lehnte er ab. Seit 2005 ist er entpflichtet, hält in Speyer aber regelmäßig noch »Demokratietagungen« ab. Er hat eine Fülle von wissenschaftlichen Büchern und Aufsätzen in Fachzeitschriften veröffentlicht, auch zahlreiche allgemeinverständliche Sachbücher, die sich mit Fehlentwicklungen in Deutschland und der EU befassen und von denen einige Bestseller wurden. Seine Arbeiten haben Einfluss auf die Praxis. Die Wochenzeitung *Die Zeit* nannte ihn eine »Ein-Mann-Instanz« im Kampf gegen Auswüchse des Parteienstaates, die mehr Gesetze aus den Angeln gehoben habe als jeder andere außer dem Bundesverfassungsgericht.